ゼロからわかる経済の基本

野口 旭

講談社現代新書

はじめに

経済というものは、われわれにとって、きわめて切実な意味を持っています。われわれが働き、いろいろな物を買い、それを享受する場、すなわち生活する場そのものが、経済だからです。したがって、そこに何らかの変化が生じた場合には、われわれの生活そのものが影響を受けます。

たとえば、ある銀行が倒産したとします。その影響は、おそらくその銀行の従業員だけにはとどまりません。取引先の企業のいくつかが経営危機に陥ったり、倒産したりするかもしれません。その場合には、一つの銀行の倒産の影響が、人々の生活を直撃するというかたちで、その地域の全体に及ぶでしょう。

また、ある食料品の輸入が、貿易制限によって減少したとします。スーパーマーケットでは、その食料品の値段は、品薄になったために急上昇します。それは当然、多くの家計に打撃を与えます。しかし、日本国内では、この貿易制限の結果として、逆に儲かる生産者も出てくるかもしれません。

いずれにしても、経済においては、その中で起こった一つの現象が、その周辺にさまざまな影響を及ぼしていきます。それは、経済というものが、無数の市場によって結びつけられた、一つの大きな相互依存のシステムだからです。

このように、現実の経済は、きわめて膨大で複雑です。それを、そのままのかたちで理解しようと思っても、まったく不可能です。そこで、この経済なるものを、より系統だった、体系化されたかたちで理解しようとする試みが現れます。それが、経済学です。

しかし、ここにもまた、問題が生じてきます。経済学は、現実の雑多な要素をすべて排除しますので、たしかにすっきりとしています。しかし、すっきりとしているから理解しやすいというわけでは、必ずしもありません。むしろ、初めて経済学の教科書を見る人は、そこで語られている内容が、あまりにも抽象的で現実離れしていることに、びっくりするのではないでしょうか。

本書が念頭においている読者とは、まさしく、そのような経験をしたことがある人です。つまり、経済の仕組みを本気で理解したいと思っているにもかかわらず、経済学のあまりのとっつきにくさに、その努力を諦めてしまったような方々です。

経済を正しく理解するには、やはり、経済学の助けが必要です。市場の働きとは何か、政府の機能とは何か、貿易の意義とは何か、不況はなぜ起きるのか、そのときに必要な政府の政策とは何か等々に関して、これまでの経済学の蓄積を無視して、正しい理解を得ることはできません。本書も、それを大いに利用しています。

にもかかわらず、本書は、単なる経済学のテキストではありません。経済学のテキストとは、経済学を理解するためのテキストです。しかし本書は、あくまでも「現実の経済」を理解するための本だからです。

以上のように、本書は、現実の経済を経済学を使って理解することを意図しています。現実の経済と経済学の橋渡しを意図しているといってもいいでしょう。その意味では、本書は、経済に興味と関心を持つすべての方々に読んでいただきたいと同時に、これから経済学を勉強したいと考えている高校生や大学新入生にも読んでいただきたいと思っています。

本書によって、経済あるいは経済学への関心を深めていただければ、それにまさる喜びはありません。

二〇〇二年十一月

野口旭

目次

第3章　市場とは何か

第4章 企業と金融 …… 121

第5章 政府の役割 …… 151

第1章

経済を知ることがなぜ必要か

——「失われた十年」を振り返って

日本経済の十年

「日本の失われた十年」という言い方があります。これは、バブルが崩壊した一九九〇年頃からの、日本経済の低迷を表す言葉です。

九〇年代以降の日本経済は、もちろん景気が若干いいときもありましたが、基本的には停滞しつづけてきました。それは実際に、いろいろな経済指標の中に現れています。その一つは、株価です。日経平均やトピックスなどの日本の平均株価指数は、若干は上昇した時期もありますが、九〇年代以降、趨勢《すうせい》的には下落しつづけてきました。日経平均株価は、二〇〇二年十一月に、バブル崩壊後の最安値である八三〇三円をつけましたが、これはバブル期のピークの一九八九年十二月末につけた三万八九一五円の、およそ四〜五分の一です。

われわれの経済生活の豊かさにとってより重要な指標は、経済成長率です。一九八〇年代を通じた日本の実質経済成長率＝ＧＤＰ（国内総生産）成長率はほぼ四％で、これは当時の先進諸国の中では最も高い数字でした。しかし、九〇年代以降、日本の経済成長率は顕著に低下し、年によってはゼロ以下すなわち「マイナス成長」ということも珍しくなくなりました。

この経済成長率の低下に相伴って生じているのが、失業率の上昇です。日本の完全失業率は、八〇年代までは、高い時期でもせいぜい二%半ばで、先進諸国の中では最も良好な雇用状況を維持していました。ところが、それが九〇年代以降、一貫して上がりつづけています。とくに九〇年代の末からは、失業率の上昇スピードがより一層速くなり、ついには五%を超えるまでにいたりました。一時的には、アメリカを上回る失業率を記録した時期もあります。このことから、日本も欧米なみの高失業率社会になってしまったという見方も出てきています。

また、九〇年代後半の日本経済に固有の問題として、「デフレ」があります。デフレ(デフレーション)とは、一般物価の下落のことです。一般物価の指標には、消費者物価、卸売物価指数、GDPデフレータなどがあります。日本の場合には、消費者物価上昇率は一九九八年頃からマイナスとなり、二〇〇〇年以降は、そのマイナス幅が拡大する傾向を示しています。もう一つの指標であるGDPデフレータには、デフレ傾向がより顕著に現れています。それは、一九九四~九五年頃からマイナスに転じ、一九九九年頃からは、二%ぐらいのマイナスになっています。

戦後の先進諸国の中では、このような長期にわたるデフレを経験した例というのは、まったく存在していませんでした。歴史をさかのぼってみると、一九三〇年代の世界大恐慌期には、アメリカや日本をはじめとして、多くの国々がデフレに陥っています。日本のデフレ経済というのは、歴史的にはそれ以来のことです。これは、珍しくもあると同時に、きわめてやっかいな現象です。

つまり、バブル崩壊後の日本経済というのは、経済成長率は低迷し、失業率が上昇し、物価は下落しつつあるという状況です（図表1-1）。もちろん、こうしたことは、傾向としては、景気が悪化すればどの国でも生じます。アメリカは、九〇年代の後半に、IT産業を中心として好景気を謳歌しましたが、ITバブルが二〇〇〇年の末頃に崩壊してからは、景気が悪化しました。それ以降は、アメリカでもやはり、経済成長率の鈍化、失業率の上昇、そして物価上昇率の低下が進んでいます。日本が特異なのは、こうした「景気低迷」の状況が、バブルの崩壊後、十年以上にもわたって続いているということです。

悪化する雇用状況の帰結

このような状況にある日本経済の中で、われわれは生活をしています。つまり、その中で仕事をしてお金を稼ぎ、そのお金でいろいろなものを買い、それを享受しているわけです。当然、われわれ個人個人の経済生活は、その時々の経済状況の善し悪しによって、大きく左右されざるをえません。

図表1-1　日本の「失われた十年」の動向（1990年〜2001年）

（単位：%）

	実質GDP成長率	完全失業率	消費者物価上昇率*
1990	5.3	2.1	2.7
1991	3.1	2.1	2.9
1992	0.9	2.2	2.2
1993	0.4	2.5	1.3
1994	1	2.9	0.8
1995	1.6	3.2	0.0
1996	3.5	3.4	0.2
1997	1.8	3.4	0.3
1998	−1.1	4.1	−0.1
1999	0.7	4.7	0.0
2000	2.4	4.7	−0.4
2001	−0.2	5.0	−0.8

*消費者物価上昇率（生鮮食品を除く総合・全国、消費税調整後）

（出所）内閣府経済社会総合研究所ホームページ、総務省統計局ホームページ

そこで、バブルが崩壊した九〇年代以降の日本社会では、たとえばどのようなことが起きてきたのかを考えてみましょう。上述のように、日本ではその間、失業率が上昇しつづけてきました。失業率が高いということは、会社が社員の首を切ってしまっているということです。誰が首を切られるのかというと、それは会社としては、なるべく高い給料の人ということになります。というのは、会社にとっては、給料というのはコストだからです。結果として、給料の高い中高年層が、リストラの最大の標的になってしまうわけです。

従来は、日本の雇用システムの特徴は、終身雇用と年功賃金にあるといわれていました。これは、若い頃は安い給料で目一杯

働かされるが、十年、二十年と勤めていくうちに給料は高くなり、逆に仕事は楽になり、それで帳尻が合うというシステムです。会社としても、若い社員には非常に安いコストで働かせる一方で、古手の社員にはそれなりに給料を払うということで、会社全体としてのシステムが維持できるということだったわけです。しかし、日本の経済が十年以上も停滞してしまった結果、そうした雇用システムが維持できなくなってきました。それで起きているのが、中高年層のリストラです。会社としては、いちばんお金がかかって働いていない人たちというと、それは中高年であるということになります。それで、中高年層がどんどんリストラされているのです。

もちろん、リストラとか首切りというのはイメージが良くないので、会社のほうでは決してそのような言い方はしません。たとえば、今までのような年功賃金はやめて成果主義あるいは能力主義にするという言い方をします。しかし、その本音は、なるべく賃金コストを下げたいということです。それで結局は、実際にリストラされていくのはお金のかかる中高年層ということになります。

そうした中で、今の日本社会には、きわめて深刻な事態が生じています。中高年層はもちろん、働かなくてはならない。というのは、彼らには家庭があり、生活があるからです。たとえば、子どもがいて、まだ大学に行っている。だから、他の仕事を見つけなければならない。しかし、どこに行っても、年齢制限がある。仕事といっても、今のように不景気では、なかなか見つからないのです。結局は路頭に迷ってしまう。

最近では、中高年層のホームレスが非常に増えているようです。また、まったく悲惨な話ですが、自殺が増加しています。「飛び込み自殺の名所」とまでいわれるほど、電車が頻繁に止まる通勤路線もあるくらいです。あまりにも日常茶飯事なので、めったに報道もされないようですが。これは明らかに、不況に伴って失業や倒産が拡大し、それで自殺者が増えているということだと考えられます。

隠された失業者としてのフリーター

実は、割を食っている層は、中高年層だけではありません。ある意味では、いまの若者たちというのは、中高年層以上に、不況の被害者であるかもしれません。

バブルの頃は、若者たちにとってはきわめて「楽勝」な時代でした。というのは、その頃は、たいして勉強をしていない大学生でも、いくらでも内定が取れたからです。バブルの頃には、多くの企業が、事業を拡張し、設備投資を拡大し、積極的に人集めをしていました。結果として、労働市場では若年労働力の奪い合いが生じたのです。

ところが最近は、相当優秀な学生でも、自分の望むところにすんなりと就職できるわけではないという状況です。それは当然です。企業はいま、リストラに邁進《まいしん》しています。経済全体が落ち込みつづけており、当面は昔のように拡大する見込みはないから、リストラを一生懸命にやる以外にはありません。そのような状況では、とても新入社員を積極的に増やすというわけにはいきません。そうすると結局は、これからの将来有望な若者たちの誰かが、必ず職からあぶれることになります。それはたとえばどういうかたちで現れるかというと、フリーターです。

実際、フリーターは、この数年、どんどん増えています。フリーターに関しては、一般的には、若者が正規の就職を忌避している、規則の枠に縛られない自由な生活をしたいために自発的にそれを選択しているという捉え方が多いと思います。果たしてそうなのでしょうか。

世間はしばしば、失業してしまう人や、職を得られない人に対しては、「その当人に問題がある」と考えがちです。たとえば、資本主義経済や市場経済が成熟する途上にあった十九世紀には、景気が悪くなって失業が拡大しても、それを景気悪化に伴って必然的に生じる現象とは捉えられていませんでした。それはもっぱら、個人の資質の問題だと考えられていたのです。

実は、現在のフリーターの問題も、まったく同じだと思うのです。フリーターになるような若者が甘いのだという捉え方をする人が非常に多いのですが、おそらくそれは正しい見方ではないと思います。若者たちは当然、これから先があるから、将来的に伸びていくだろう業種に就職がしたい。自分を生かせる職場を見つけて、そこで一生懸命頑張りたいと考えている。ところが、いくら探しても探しても、それが見つからない。とくに、有望な企業には就職希望者が殺到するから、そこを勝ち抜いて職を得るというのは、なかなか難しい。よほどでないかぎり、良い職場には就職できないわけです。結局、いくつ会社を回っても、申し訳ございませんという返事をもらうことになる。これをディスカレッジド・ワーカー（就業意欲喪失者）といいますけれども、いくら職を探しても結局は見つからないわけで、やがてはいやになってしまい、就職活動を自発的に断念してしまう。そんないやな思いをするのなら、一～二年はフリーターでもやって、自分が何をやりたいのかをもう少し考えてみよう――当然、そう考える若者が増えるわけです。

そのようなわけで、いまの日本では、若者たちの多くが半ばフリーター化して、コンビニの店員のような非常にテンポラリーな仕事しかしていない。これはやはり、長い目で見れば、大いなる社会的損失です。しかし現実には、それが起こってしまっている。これが、現在の日本の状況です。

変転する「日本経済」観

問題は、日本の経済はなぜ、このわずか十数年の間に、ここまで悲惨な状況になってしまったのかということです。振り返ってみると、十数年前の日本は、現在とはまったく状況が違っていました。当時は、「ジャパン・アズ・ナンバーワン」という言葉がよく用いられていました。バブル経済の頃には、日本は経済ではアメリカやヨーロッパを完全に追い越したのだ、今や世界一だという見方が非常に強かったのです。

日本的経営というものが大いにもてはやされて、アメリカの経営者もそれに注目していました。また、日本型の経済システムにも注目が集まっていました。この日本型経済システムというのは、単なる市場経済ではなく、欧米と比較すると官僚が経済においてかなり大きな役割を果たしているシステムということです。当時は、官僚の権限が強いということが、日本経済の強さの秘訣と考えられていたのです。たとえば、戦後の日本の産業政策、すなわち通産省が行ってきた重要産業の保護育成政策などに対する関心も、世界的に非常に高かったのです。

しかし、結局十年たってみると、日本の経済システムに対する人々の評価は、まったく逆転しています。現在では、政府の権限が大きすぎ、官僚がはびこりすぎ、いろいろな既得権益がありすぎることこそが、日本経済の低迷の主因であるという見方が「通説」になっています。それが、この数年のいわゆる「構造改革論」の背後にある考え方です。この構造改革論とは、要するに、政府の規制を緩和し、官僚の権限を縮小し、なるべく欧米のような市場経済優位の社会にしていかなくてはならないという立場です。

つまり、この十数年間で、日本経済に対する見方が大きく変わってきたのです。問題は、正しかったのは、昔の見方なのか、あるいは今の見方のほうなのかということです。あるいは、そのどちらも的外れという可能性もあります。その判断は、日本経済にとって必要な政策とは何かを考えるうえで、きわめて重要です。

仮に、「日本経済の低迷の原因は日本型の経済システムにある」という現在の「通説」が正しいとすれば、まさしく構造改革こそが日本経済を復活させる正しい処方箋であるということになります。しかし、日本型の経済システムは、十数年前には、日本経済の強さの秘訣であるとさえ考えられていたのです。それまでは強みだった要因が、突然に弱みに転じるというのは、いかにも奇異です。そうしてみると、日本型経済システムうんぬんは、そもそもこの十数年の日本経済の動向とはほとんど無関係なのかもしれません。

実際、現在の日本を苦しめているのは、デフレであり、失業です。これから本書で考えていくように、これらは基本的に、「マクロ経済」固有の現象です。その点からいえば、「日本型経済システム」がそれに何らかの関連を持っているという可能性は、ほとんどないように思われます。

他方で、この十数年の日本経済の低迷については、バブルの反動なので仕方がないとする考え方も根強くあります。山高ければ谷深しで、この十年間はバブルの後始末で経済が落ち込んでいるのだという見方です。だから、これは耐えるしかないというわけです。

たしかに、経済の安定化のためのマクロ経済政策という考え方が存在しなかった時代には、不況というのは好況の後に必ずやってくる不可避の現象として捉えられていました。あの一九三〇年代の世界大恐慌の時でさえも、当時の政治家や政策担当者の多くは、「この不況は耐えるしかない」と考えていたのです。もちろん、そのような無為無策を良しとする考え方は、現代の専門家からはまったく評価されてはいません。むしろ、そうした考え方それ自体が、ただの不況を大恐慌にまで深刻化させてしまったと考えられています。同じことは、程度は違うとはいえ、バブル崩壊後の日本についても言えるのかもしれません。

経済の「見通し」を得るのがなぜ重要か

これまで述べてきたように、われわれの生活、そしてわれわれの経済観は、その時々の経済状況に否応なしに影響されます。日本は十数年前は景気が良かったので、人々は日本流のやり方に非常に自信を持っていました。ところが今は、まったく自信喪失の状態です。実際、失業者が増えており、自殺者が増えています。そして、犯罪も増えています。少し前までは、日本というのは、犯罪の少ない、非常に安全な国でした。しかし、最近のようにこれだけ失業が増えますと、当然ながら犯罪も増えてきます。

周囲を見回しても、失業している人、会社を首になって職探しをしているけれども、なかなか新たな就職口が見つからない人たちが増えているわけです。そういう人たちは、よく「負け組」という言われ方をすることがあります。その反対側には、もちろん「勝ち組」もいるでしょう。しかし、経済状況が悪化していきますと、必然的に「負け組」が増えてきます。個人個人がどんなに努力を積み重ねても、必ず誰かは「負け組」になっていきます。その意味では、彼らは、経済の動きに翻弄《ほんろう》された、その犠牲者とも考えられます。

結局、われわれの経済生活は、その時々の経済状況に依存する以外にはないということです。そうした中で、われわれ個人個人が、自らの状況を改善するためには、いったい何をすべきでしょうか。そこには、主に二つの方向性があるように思われます。

一つは、個人個人の立場から、現在そして将来の経済状況を展望したうえで、自らの経済生活をどう構築するのかを考えることです。

たとえば、若者の多くは、漠然とではあれ、自分が将来どのような方向に進んでいくのかを考えているはずです。より具体的には、就職活動の時期になると、自分の将来にとっては、どのような業界の、どのような会社を選べばいいのかを考えることになるでしょう。というのは、誰でも、自分にとってより望ましい仕事をしたいし、より豊かな生活をしたいと考えているはずだからです。自分が充足できるような仕事によって十分な所得が得られるということを望まない人は、それほど多くはないと思います。

とはいえ、それが実現できるかどうかは、自分の努力だけではなく、「環境」にも依存します。いくら優秀な人材でも、不幸にもその持てる能力を十分に活かせないポジションにおかれていれば、仕事からもその収入からも十分な満足は得られないでしょう。

高度成長期の前半くらいまでは、日本の最大の輸出産業は繊維産業でした。したがって、多くの優秀な人材が、繊維メーカーに就職しました。しかしその後、日本の繊維産業は、アジア諸国などからの輸入の拡大によって、構造不況業種と化していきました。逆に、自動車産業や電気機械産業などは、当時はまだ弱小な幼稚産業でしたが、その後はしだいに日本の代表的な輸出産業に成長していきました。当然ながら、このような産業構造の変化という大きな流れに乗れた人と、そうでない人とでは、仕事の満足度という面でも、収入という面でも、大きな差ができてしまうことになったでしょう。

つまり、われわれが個々人の立場から自らの経済生活を改善させたいと思うのなら、日本の経済が将来どのような方向に進んでいくのかということについて、ある程度の見通しを持つ必要があるということです。これが、「経済を知ることがなぜ必要か」という本章の問いへの、一つの答えです。

結局は有権者の判断によって決まる経済政策

もう一つの答えは、われわれは常に、有権者としての立場から、われわれ自身が経済生活を行う「環境」としての経済状態を改善するためにはどのような経済政策が必要なのかを考えつづけなければならないということです。

経済というものはもちろん、政府が何をしようがしまいが、人々が生きているかぎり、否応なしに動いていきます。それは、景気が悪ければ悪いし、良ければ良いという具合です。百年くらい前であれば、そのような中で、人々の生活が翻弄されてきたわけです。

しかし、現代の経済というのは、そういうものではありません。そこでは、政府が非常に大きな役割を果たしています。つまり、政府がさまざまな経済政策を実行しています。

その政府の経済政策は、いろいろなレベルで行われています。たとえば、よくいわれる景気対策です。財政支出をして景気を支えるとか、金融緩和をして投資をしやすくするというのが、それです。また、政府は、公共サービスを提供し、公共投資を行っています。

教育、医療、社会保障、年金などには、政府が大きく関与しています。また、都市や農村の「社会資本」の多くも、政府の支出、すなわち税金によってまかなわれています。

重要なのは、われわれの経済生活は、政府によるこれらの経済政策によって、大きく影響を受けているということです。政府が景気に配慮することなく無為無策を決め込めば、われわれは企業倒産や失業の増加を堪え忍ぶしかありません。政府が、特定の業界や地域のみに配慮して無駄な支出を積み重ねれば、そのつけは現在あるいは将来の増税となって返ってきます。つまり、国の行う経済政策というのは、必ず何らかのかたちで、われわれ自身にはね返ってくるのです。

したがって、われわれは有権者として、どのような経済政策が望ましいのかということを、常に考えなければなりません。日本経済を現在の低迷から脱出させるような経済政策を打ち出している政党はどこなのか、あるいはそれを正しく提起している政治家は誰なのか——こういったことを、常に意識しておく必要があると思います。

われわれは、まずそれを見極めなくてはなりません。そして、それに基づいて、有権者としての判断を示さなくてはなりません。そうした手続きの中で、経済政策が実行され、それによってわれわれの経済生活が望ましい方向に改善されていく——これこそが、民主主義社会の基本であると思います。

しかし、ここで重要なのは、このようなプロセスが正しく機能するためには、有権者としてのわれわれ自身が、経済なるもののメカニズムについて、ある程度の知識は持っていなければならないということです。というのは、有権者が、なされるべき経済政策について、誤った経済知識に基づいて誤った判断をしてしまえば、その結果が失望すべきものに終わるのは明らかだからです。実際、歴史の中では、人々が誤った政策を支持してしまったために悲惨な結果がもたらされた例を、数多く見出すことができます。これが、「経済を知ることがなぜ必要か」という本章の問いへの、もう一つの答えです。

本書の意図

本書でこれから論じていく内容とは、「経済についての基本中の基本」です。より具体的にいえば、「われわれが個人あるいは有権者としての立場から、自分の生活を守り、それを改善するために最低限必要な経済の知識」です。したがって、本書が対象とする読者とは、経済の「専門家」ではなく、経済生活を営むすべての人々です。

また、「経済を知る」ことは、われわれの生活を改善するうえで大いに役立つだけではなく、それ自体が「楽しい」ことでもあります。経済の動きは、一見するときわめて複雑ですから、何が原因で何が結果かを判断するのは、決して容易ではありません。しかし、経済のごく基本的な見方を身につけることによって、その複雑な動きの背後にあるメカニズムが、驚くほどよく理解できるようになります。本書によって、一人でも多くの方に、この「経済を知る楽しみ」を知ってほしいと思います。

第2章
経済のなりたち——生産と支出の循環

「単純化」して考えよう

よく、「経済を理解するのは難しい」といわれます。たしかに、そうかもしれません。というのは、経済というのは、恐ろしく複雑なシステムだからです。そこでは、さまざまなことが原因となって、さまざまな現象が生じています。ある企業が倒産すれば、その影響は幅広い産業や地域に及びます。ある国で経済危機が起これば、それは各種の経路を通じて他国にも影響を及ぼします。こうした、地球規模での気の遠くなるような「相互依存」によって特徴づけられているのが「経済」です。

われわれはいったい、このように途方もなく複雑な「経済」をどのように理解すればいいのでしょうか。そのカギは、「単純化」にあります。

実は、この「単純化」という思考作業は、単に経済の理解に関してだけではなく、物事を科学的に理解しようとする場合には常に必要なのです。実際、「科学」とは、問題にとって本質的でない要素を排除した模型（モデル）を用いて、現実に規則的に生じている諸現象の背後に存在する因果関係あるいは相互依存関係をできるだけ単純な原理によって説明しようとする試みです。そして、経済学とは、そのような科学的な方法論を用いて、「経済」という現象を理解しようとする学問体系です。

図表2-1　生産と消費の経済循環

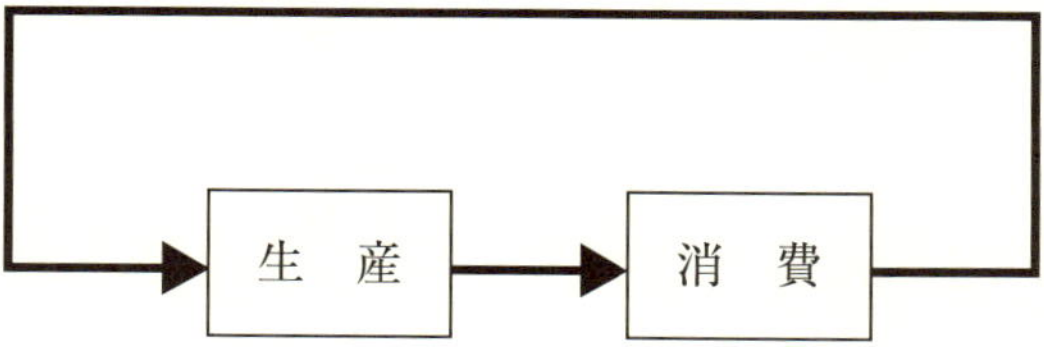

　そこで、本章ではまず、「ぎりぎりまで単純化された経済」というものを考えてみたいと思います。そして、そこから出発して、その経済をより現実に近づけていこうと思います。

最も単純な経済循環――生産と支出

　それでは、「最も単純な経済」とは、どのような経済でしょうか。それは、図表2-1のように、単に生産と消費を繰り返しているような経済です。物を生産し、それを消費するというのは、経済の最も基本的な営みです。これが続いていれば、どんな社会でも存続できます。

　たとえば、ロビンソン・クルーソーの物語を思い起こしてください。ロビンソン・クルーソーとは、離れ小島に一人取り残されてしまうという物語の主人公です。そのような状況で生きていくのには何が必要かというと、まずは食べられるものを獲得するということです。つまり、狩猟採集です。あるいは、自分が生きていくために必要な食料を作るということです。これらはすべて、「労働」であり、「生産活動」です。こうして、働くことによって必要な物資が入手できれば、人間社会はとりあえず存続することができます。これが、「生産」と「消費」の循環です。

このことは、ロビンソン・クルーソーの物語のような「たった一人」の経済でも、たくさんの人々が存在している経済でも、基本的には同じです。ただし、複数の人々が存在する経済では、生産活動を行ううえで、「協業」すなわち力を合わせて働いたり、「分業」すなわち得意な生産活動にお互いに専門化したりすることが可能になります。それと同時に、作り出した生産物を人々にどのように分配するのかという問題が生じてきます。これらについては、また後に考えていきます。

ところで、図表2-1のように、単純に生産と消費のみを繰り返している経済というのは、人間社会が地球上に現れて以降は、現実にはほとんど存在していません。一般に、「ヒト」をその他の動物から区別する基準の一つは、「道具を作ることができる」という点に求められています。この「道具」とは、経済の概念では「投資」に対応しています。

人類がなぜ道具を作りはじめたのかといえば、それは、生産活動をよりスムーズにし、より多くの生産物を獲得するためです。人類は原始時代に、槍を作りはじめました。槍というのは、消費するものではありません。つまり、直接の腹の足しにはなりません。にもかかわらず、人類がそれを作りはじめたのは、それによって動物をより容易に獲得することができるからです。素手で動物を捕獲するのは大変だけれども、槍を使えば簡単に捕れるということです。

しかし、原始時代の技能では、槍を作るのにはそれなりに時間と労力がかかったはずです。その場合、槍を作っている間は、動物を捕獲する活動を休止しなければなりません。つまり、この場合の槍とは、「現在得られるであろう動物を犠牲にして、将来より多くの動物を獲得するために作り出されているもの」ということになります。このように、現在の消費のためではなく、将来の生産活動のために物を生産することを、われわれは「投資」というのです。そして、そのために作られた物を、「投資財」あるいは「資本」といいます。

一般に、便利な道具があればあるほど、生産活動はより容易になり、将来の生産を増やすことができます。したがって、人々はそれだけ将来の消費を増やすことができます。そのことは、現在でも基本的には同じです。現代の経済では、ありとあらゆる物が生産されていますが、その生産活動には、必ず機械や設備が用いられています。その機械や設備とは、いわば「道具が進化したもの」にすぎません。槍であれ工作ロボットであれ、将来の生産活動のために作り出された物＝投資財という点では、本質的にまったく同じです。

投資財には、このような道具としての「生産設備」だけではなく、「原材料」も含まれています。たとえば、コメだけを生産して消費しているような、原始的な農耕社会を考えてみましょう。そこでは、ある年に収穫したコメをすべて消費してしまえば、翌年の生産が不可能になりますから、いくばくかのコメは種子として残しておかなければなりません。ここで、現在の消費を我慢して、種子としてのコメをたくさん残しておけば、その翌年にはよりたくさんのコメが収穫できます。つまり、ここでの種子としてのコメとは、「現在の消費を犠牲にして、将来より多くのコメを獲得するために残されているもの」であって、その意味でやはり投資財なのです。現代の言葉でいえば、これは「在庫投資」ということになります。

以上のように、人間社会は、図表2-2のように、何千年、何万年もの間、物を作って消費をし、残りは投資すなわち将来のために残しておくという活動をして、存続してきました。ちなみに、この図表2-2では、図表2-1とは異なり、「生産と消費の循環」ではなく、「生産と支出の循環」になっています。支出の中には、消費と投資の両方が含まれています。この生産と支出の循環こそが、経済の最も基本的な仕組みと考えることができます。

図表2-2　生産と支出（消費＋投資）の経済循環

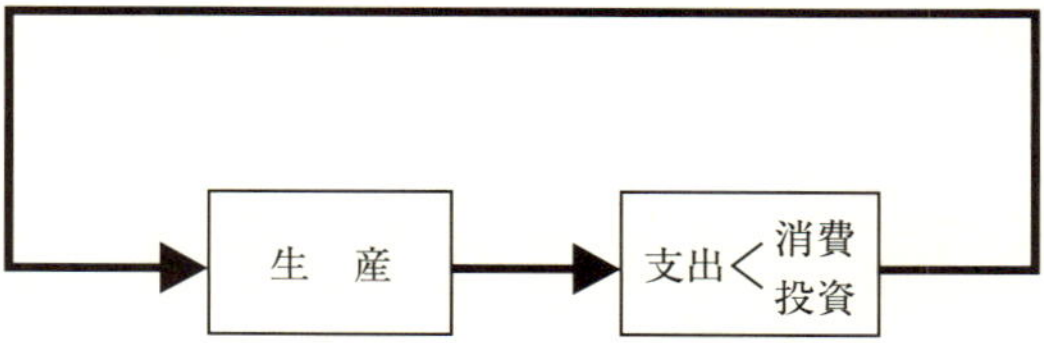

財貨とサービス

ところで、ロビンソン・クルーソーの経済、あるいは原始的な農耕経済と、現代の高度に発達した経済を比較するときには、注意すべき点が一つあります。それは、現代の経済においては、一口に生産や消費といっても、そこには具体的に目に見える物、すなわち「財貨」だけではなく、目に見えない「サービス」が含まれているということです。

ロビンソン・クルーソーの場合でいえば、彼にとって最も必要なのは、いうまでもなく食料です。というのは、人間はそれがなくては生きていけないからです。それはおそらく、原始社会でもほとんど同じです。生産能力が低くて食うや食わずの段階では、生産活動の多くは食料の生産であったと考えてよいでしょう。

もちろん、われわれの社会でも、食料は生産しています。たとえば、日本はコメの生産国です。しかし、家計簿を見てみればわかりますが、われわれの給料の中では、食費として費やされている部分は、一般的にはそれほど多いわけではないと思います。少なくとも、五十年前と現在とを比較すれば、家計の支出の中での食費の比率は、格段に低下しているはずです。

それでは、われわれはいったい何を欲しているのかといえば、自動車であり、パソコンであり、家庭電気製品であり、家具でありといった具合です。すなわち、「耐久消費財」です。

しかし、実はそれ以上に、具体的なモノではなく、サービスにお金を使っているということがわかると思います。たとえば、われわれはレジャーに行きます。東京ディズニーランドに遊びに行きます。そして、ジェットコースターに乗ったりします。東京ディズニーランドでは、来た人々を楽しませるために、たくさんの人が働いています。そういうサービスを供給してくれています。だからこそわれわれは、東京ディズニーランドに行って楽しい思いができるのです。そのサービス＝楽しみに対して、われわれはお金を払っているのです。何かモノを買っているわけではありません。

あるいは、毎年たくさんの日本人が、ハワイに行って観光をします。これは、飛行機に乗って、ホテルに宿泊して、海で泳ぐことだけにお金を使っているわけです。手元には何のモノも残りません。したがって、これもすべてサービスの消費です。あるいは、タレントのコンサートを見に行くこともそうです。居酒屋に行って何かを食べたり、ビールを飲んだりにお金を使うのも、実はサービスへの支払いが大半です。食べ物の材料やビールの原価などはたいした値段ではありませんから、あとはすべてサービスの値段です。それは、「飲み屋」でも同じです。「水商売」というのは、要するに水だけを飲ませているわけです。あとの支払いは、すべて接客サービスへの対価です。

そのように考えますと、われわれがお金を支払って購入しているものの大部分は、実はサービスだということがわかると思います。それを逆にいえば、われわれが生産しているものの大半も、財貨ではなくサービスだということです。

後で詳しく説明しますが、一国で一定期間中に生産された財貨・サービスの総計を、国内総生産＝GDPといいます。このGDPの中には、さまざまな種類の財貨・サービスが含まれています。現在の日本経済の中では、農林水産業の比率は、GDPの二%にも満たない水準です。鉱業の比率はさらに小さく、GDPの〇・一～〇・二%にすぎません。製造業の比率もだんだんと低下しており、GDPの二〇%を切るくらいになってきています。残りは、広い意味でのサービスの生産で、その比率は年々増加しています。われわれの経済において、サービスの占める比重がいかに大きいかがわかると思います。

政府消費と政府投資

これまで述べてきたように、経済循環の基本的な図式とは、「生産→支出（消費＋投資）」です。ただし、消費や投資といっても、われわれの経済には、民間部門だけではなく政府部門があります。

われわれは、政府に税金を納めています。まず、それはなぜかを考えてみましょう。

第5章で詳述しますが、現代の経済では、政府は経済の中できわめて大きな役割を果たしています。われわれが経済活動を営むには、さまざまな社会資本が必要です。それはたとえば、道路、橋、港湾といったものです。それらは多くの場合、政府の支出によって作り出されています。政府はさらに、公務員、消防士、警察官、郵便局員、軍人などを雇っています。これらの人々はわれわれに、公的なサービスを提供してくれています。

社会資本にせよ、公的サービスにせよ、それを利用したり、消費したりするのは、国民全体です。通常の消費や投資と異なるのは、その費用が、それを利用する個々の人々によって支払われるのではなく、政府が人々から徴収した税金によって支払われるという点です。このように、政府によって賄《まかな》われる支出のことを、「政府支出」といいます。

より細かく分類すれば、民間の支出を消費と投資に分けるように、政府の支出も「政府消費」と「政府投資」に分けることができます。公的サービスはすべて、政府消費になります。そして、社会資本整備のための支出は、政府投資です。道路や橋などは、消費するものではなく、将来の経済活動をより活発あるいは効率的にするために作り出されるものですから、設備などと同様に、投資財であり、資本なのです。

つまり、われわれの経済全体の支出は、民間消費、民間投資、政府消費、政府投資に分類されることになります。

輸出と輸入

もし、われわれの経済が、江戸時代のような鎖国状態であれば、以上で話はすべて済んでしまいます。すなわち、われわれが生産した財貨・サービスは、すべて民間消費、民間投資、政府消費、政府投資のどれかに支出されるということです。しかし、現在の日本経済の循環は、決して日本だけで成り立っているわけではありません。そこには、もう一つの必要不可欠な経路があります。それは、輸出と輸入、すなわち貿易です。

たとえば、スーパーマーケットに行って買い物をしたとします。そこで野菜を買おうとして、産地を見れば、中国産のものがきわめて多いことがわかると思います。そこで牛肉を買おうとすれば、値段の安い肉は、たいていはオーストラリア産やアメリカ産ということになるでしょう。

一方、家庭電気製品などに関しては、さすがに日本はものづくりの国だけあって、国内メーカー品がたくさん並んでいます。しかし、実はそれは、単に表面だけということが非常に多いのです。

たとえば、パソコンの内部を見れば、そこには、中央演算処理装置（CPU）、メモリー、ハードディスクのような、多数の規格化された部品が用いられています。そのメモリーを取り出してみると、それは韓国製であるケースが非常に多いと思います。一昔前までは、メモリーといえば日本製が多かったのですが、今ではほとんどが韓国製です。そして、ハードディスクを見れば、それはシンガポール製であるということになります。つまり、実際にはパソコンなどにしても、部品の大半は東南アジアで作られていて、製品のブランドがＮＥＣとか富士通になっているにすぎないのです。

このように、注意して見てみると、われわれが日常的に購入している物品の中には、外国で生産されて国内に輸入されたものが非常に多いことがわかります。つまり、われわれの経済とは、江戸時代のような閉鎖された経済ではなく、貿易を経済循環の一部に含むような「開放経済」だということです。

日本の輸入品の中には、野菜や電子部品のように、日本でも作ろうと思えば作れるものもありますが、石油のように日本国内では生産が困難な一次産品もあります。もし日本が石油をアラブ諸国から輸入できなくなれば、非常に困ったことになります。実際、一九七〇年代にオイル・ショックが発生したときには、トイレットペーパーが店頭から消えるなど、たいへんな経済的混乱が生じました。オイル・ショックといっても、石油が輸入できなくなったわけではなく、その価格が高くなっただけですが、それでもその影響は尋常ではありませんでした。

仮にもし石油の輸入が停止したらどうなったかを考えればわかるように、輸入がなければ、われわれの経済は成り立っていきません。江戸時代は鎖国だったわけですし、現在でも新潟県では多少は石油がとれるようですから、経済がまったく成り立たないわけではありませんが、生活水準がきわめて低下することだけは明らかです。

日本はもちろん、輸入をしているだけではなくて、世界各国にたくさん輸出をしています。日本は一九八〇年代以降、世界最大の貿易黒字国となり、現在でも巨額の貿易黒字を計上しています。貿易黒字とは、輸出額のほうが輸入額よりも多いということです。具体的には、自動車を世界中に輸出しています。あるいは、いろいろなハイテクの電気製品を、やはり世界中に輸出しています。

要するに、われわれは、国内で生産した財貨を、国内で消費あるいは投資するだけではなく、輸出にもあてているということです。そして、その見返りに、さまざまな財貨を輸入しています。こうした輸出および輸入も、われわれの経済循環の一部であるということです。

国内総支出と国内総生産

以上で、一国の経済循環を示す最も基本的な枠組みが明らかになりました。そこで、これを用いて、「新聞の経済欄に出てくる数字をどう読むか」を説明しておきます。

政府は四半期ごとに、国内総支出と国内総生産の数字を発表しています。それは、新聞で即座に報じられます。図表2-3（44～45ページ）が、実際に新聞で発表されたその数字の一例です。

この表の各行には、支出の項目が出てきています。そこでは、民間消費は「民間最終消費支出」という項目になっています。そして、民間投資は、「民間住宅」、「民間企業設備」、「民間在庫品増加」の三つに分けられています。また、政府消費は「政府最終消費支出」となり、政府投資は「公的固定資本形成」と「公的在庫品増加」に分けられています。「財貨・サービスの純輸出」というのは、輸出すなわち「財貨・サービスの輸出」と、輸入すなわち「財貨・サービスの輸入」の差額です。それらをすべて合計した額が、いちばん上の「国内総支出（国内総生産）」の数字です。

ここで、住宅への支出が消費ではなく投資なのは、住宅が「その場で使い切ってしまうものではなく資産として残るもの」だからです。「民間住宅」、「民間企業設備」、「民間在庫品増加」はそれぞれ、住宅投資、設備投資、在庫投資とも呼ばれます。政府投資の「公的固定資本形成」とは、道路や橋などの社会資本への投資です。そして、「公的在庫品増加」は、政府部門の在庫投資です。

これらの項目、すなわち民間消費＝「民間最終消費支出」、民間投資＝「民間住宅」＋「民間企業設備」＋「民間在庫品増加」、政府支出＝「政府最終消費支出」＋「公的固定資本形成」＋「公的在庫品増加」を合計したものは、「国内需要」あるいは「内需」という言い方をする場合があります。というのは、それらはすべて「日本国内で消費あるいは投資されて使われる財貨・サービス」だからです。

そして、この表における「国内総支出（国内総生産）」とは、この内需に「財貨・サービスの純輸出」すなわち「財貨・サービスの輸出」マイナス「財貨・サービスの輸入」を加えたもののことです。「財貨・サービスの輸出」とは、日本が生産した財貨・サービスのうちで、海外で支出された部分の総額です。他方で、先に説明したように、「日本国内で消費あるいは投資されて使われる財貨・サービス」のうちの一部には、国内で生産された財貨・サービスだけではなく、海外から輸入された財貨・サービスが含まれています。

カッコ内は前年比または前期比増減率%、▲は減）

2001年				
1〜3月期	4〜6月期	7〜9月期	10〜12月期	寄与度
539兆7235	533兆1672	530兆3065	524兆2002	▲1.2
(1.0)	(▲1.2)	(▲0.5)	(▲1.2)	
(4.1)	(▲4.8)	(▲2.1)	(▲4.5)	
294兆2050	290兆9642	285兆9295	291兆4819	
(1.9)	(▲1.1)	(▲1.7)	(1.9)	1.0
19兆7375	18兆4752	18兆6578	18兆6221	
(▲4.1)	(▲6.4)	(1.0)	(▲0.2)	▲0.0
89兆2114	91兆5032	92兆9999	81兆8688	
(▲2.7)	(2.6)	(1.6)	(▲12.0)	▲2.1
1兆6977	1兆5867	▲2兆2474	▲2兆2319	
(−)	(−)	(−)	(−)	0.0
88兆3192	89兆7098	89兆4654	90兆0893	
(1.1)	(1.6)	(▲0.3)	(0.7)	0.1
38兆7931	34兆7849	35兆9020	35兆1762	
(8.9)	(▲10.3)	(3.2)	(▲2.0)	▲0.1
1260	▲409	▲769	873	
(−)	(−)	(−)	(−)	0.0
9兆3575	9兆6762	9兆1065	9兆1065	
(▲7.1)	(▲15.2)	(3.4)	(▲5.9)	▲0.1
59兆1174	56兆1942	54兆5276	53兆0487	
(▲1.8)	(▲4.9)	(▲3.0)	(▲2.7)	▲0.3
48兆0883	46兆8367	44兆8514	43兆9422	
(▲0.4)	(▲2.6)	(▲4.2)	(▲2.0)	0.2
541兆4396	533兆5351	531兆7397	528兆9892	
(1.2)	(▲1.5)	(▲0.3)	(▲0.5)	
(4.8)	(▲5.7)	(▲1.3)	(▲2.1)	

図表2-3　国内総支出の推移

（1995年基準、単位億円、四半期の数値は季節調整済みの年率換算（実質）、

	2001暦年		2000年
	名目	実質	10～12月期
国内総支出	503兆5937	531兆3333	534兆2762
（国内総生産）	（▲1.9）	（▲0.5）	（0.3）
年率換算成長率	－	－	（1.1）
民間最終消費支出	283兆6745	290兆3087	288兆7990
	（▲1.2）	（0.3）	（0.6）
民間住宅	18兆8272	18兆8515	20兆5733
	（▲7.9）	（▲7.9）	（1.8）
民間企業設備	78兆1588	88兆7877	91兆6976
	（▲1.9）	（0.4）	（3.3）
民間在庫品増加	1兆7212	1兆9560	1兆7764
	（－）	（－）	（－）
政府最終消費支出	88兆3870	89兆3888	87兆3558
	（3.1）	（3.1）	（0.1）
公的固定資本形成	33兆0845	36兆1636	35兆6288
	（▲5.2）	（▲3.4）	（▲4.6）
公的在庫品増加	1019	958	1803
	（－）	（－）	（－）
財貨・サービスの純輸出	3兆1706	9兆7673	11兆8770
	（▲56.7）	（▲27.4）	（▲15.7）
財貨・サービスの輸出	52兆5550	55兆6877	60兆1767
	（▲4.9）	（▲6.6）	（▲0.3）
財貨・サービスの輸入	49兆3844	45兆9203	48兆2997
	（3.0）	（▲0.6）	（4.4）
＜参考＞			
国民総所得	511兆8953	533兆3933	535兆1833
	（▲1.6）	（▲0.3）	（0.5）
年率換算成長率	－	－	（1.9）

（出所）『日本経済新聞』2002年３月８日夕刊

図表2-4　国内総生産・総支出と輸出・輸入の関係

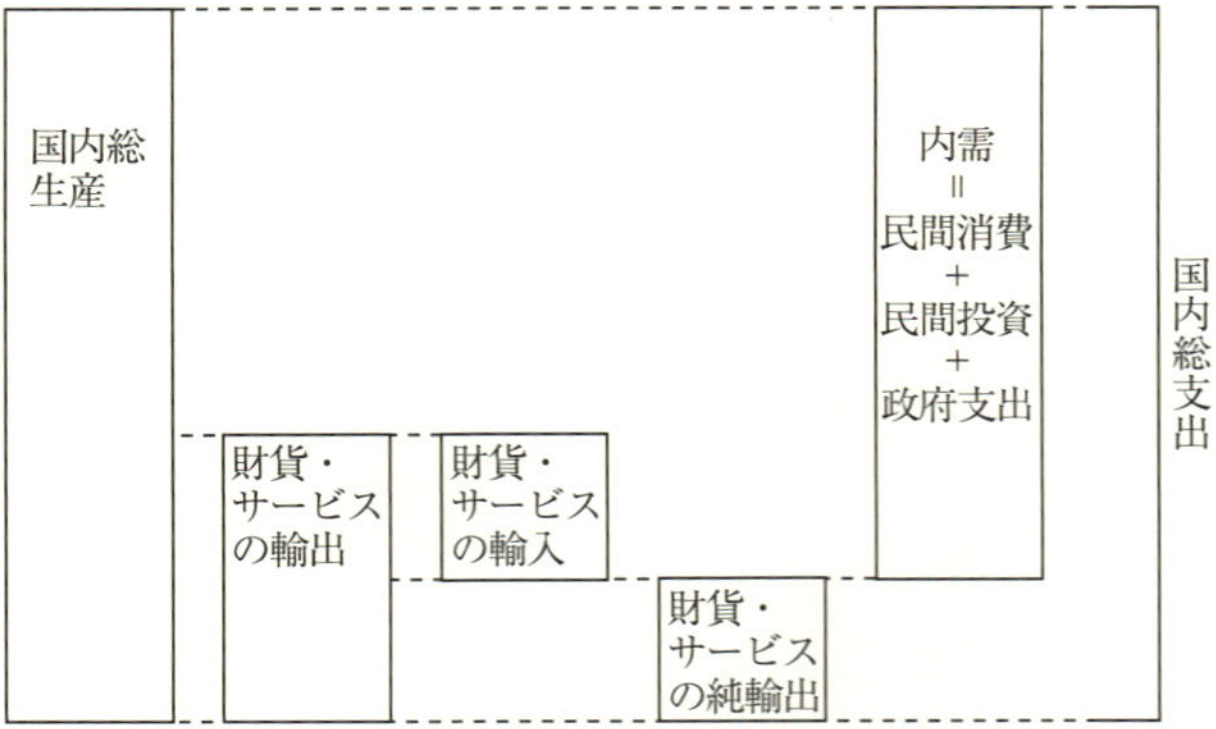

もし「財貨・サービスの輸出」と「財貨・サービスの輸入」が金額としてぴったり一致しているのなら、「国内総支出（国内総生産）」の額は内需の額に等しくなります。しかし、日本のように貿易黒字の国では、「財貨・サービスの輸出」の額が「財貨・サービスの輸入」の額よりも大きいわけですから、「財貨・サービスの純輸出」はプラスの値になっています。したがって、「国内総支出（国内総生産）」の額は、「財貨・サービスの純輸出」の分だけ「内需」の額を上回ることになります。

以上のように、「内需プラス財貨・サービスの純輸出」として定義された「国内総支出」の額は、いついかなる場合でも「国内総生産」に等しくなっています。そのことの意味は、

図表2－4を見るとわかるでしょう。左の棒は、日本が一年間に生産した財貨・サービスの総額、すなわち国内総生産を表しています。しかし、生産した財貨・サービスの一部は海外に輸出されます。そして、その見返りに、海外から財貨・サービスが輸入されてきます。輸出されないで国内に残された財貨・サービスと、輸入されてきた財貨・サービスは、すべて国内で民間あるいは政府によって消費あるいは投資されているはずです。それが、右の棒の「内需」です。その「内需」と「財貨・サービスの純輸出」を合わせた額は、「国内総支出」と等しくなり、かつ「国内総生産」と等しくなっていることがわかると思います。

「付加価値の総計としてのＧＤＰ」の意味

これまで、国内総生産＝ＧＤＰについて、「一国で一定期間中に生産された財貨・サービスの総計」と定義しておきました。ＧＤＰとは、英語のGross Domestic Productの頭文字をとった略語ですから、日本語ではそのような定義になります。ただし、経済用語辞典などでは、「ＧＤＰ」について、「国内の経済が新たに生み出した付加価値の総額」といった説明をしている例が多いかもしれません。ここでは、そのことの意味を簡単に説明しておきます。

結論的にいえば、ＧＤＰを単に「財貨・サービスの総計」ではなく「付加価値の総額」と規定するのは、ＧＤＰの算出には「二重計算を排除する」という原則が存在するからです。ＧＤＰを求めようとする場合、単純に日本にあるすべての会社の売上げだけを合計するわけにはいきません。というのは、それでは明らかに、同じ財が二重にも三重にも計算されてしまうことになるからです。

たとえば、トヨタが作った自動車の中には、ブリヂストンのタイヤが使われています。あるいは、パイオニアのカーステレオが使われています。これは、トヨタが作ったものではありません。ブリヂストンやパイオニアが作ったものを、トヨタが購入して、自社の自動車に取り付けているだけです。その金額も全部含めて、トヨタの自動車一台が二〇〇万円になっているわけです。

このような場合、トヨタ、パイオニア、ブリヂストンなどの会社の売上げをすべて合計してしまいますと、明らかに二重計算になってしまいます。したがって、そうならないようにするためには、トヨタの売上げから、他の企業から購入した原材料費を差し引く必要があります。そのようにして求められた金額が、トヨタの付加価値です。

つまり、付加価値というのは、他の会社が作った部分ではなくて、純粋にトヨタが作った部分のことです。具体的には、トヨタの自動車一台二〇〇万円から、他の企業から購入

図表2-5　付加価値の総計としての国内総生産

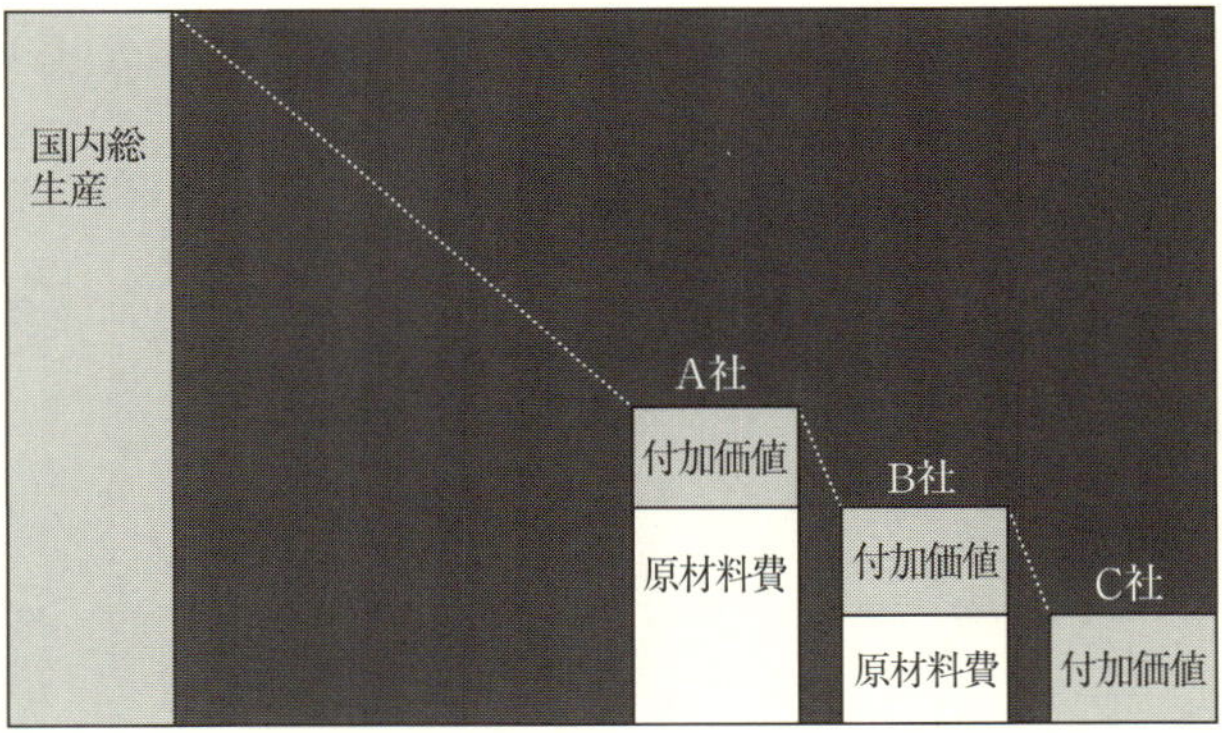

した部品の金額をすべて差し引きます。その残りが、トヨタが純粋に作った部分、すなわちトヨタの付加価値です。これは、トヨタの労働者がトヨタの資本設備を使って作った部分ということです。後述のように、それは最終的には、労働者に対する賃金の支払いや、会社に対する収益となって分配されます。

つまり、「付加価値の総計としてのGDP」とは、企業の売上げから原材料費を差し引いて付加価値を求め、それらをすべて合計したものということです（図表2-5）。

GDPとGNPあるいはGNIとの違い

ところで、ある年齢以上の方々にとっては、国内総生産＝GDPというよりも、国民総生産＝GNPという言葉のほうがなじみがあるかもしれません。実際、一昔前の経済文献では、一般的には「GNP」が用いられていました。GNPとは、英語のGross National Productの頭文字をとった、その略語です。それを日本語では、国民総生産といっていたわけです。

GDPとGNPとの違いとは、要するに「国内」と「国民」の違いです。日本国内には、外国人もいるし、外国の企業も活動しています。GDPとは、その外国人や外国企業の生産活動を含めて、日本国内で作り出された財やサービスを合計したものです。それに対して、「国民」というのは、日本国籍を持つ人々のことです。要するに、「日本人」です。日本人の中には、たとえば外国で働いている商社マンがいます。その「日本人」の所得の総計が、GNPです。所得の総計ですから、現在では、国民総生産ではなく、国民総所得(GNI)という言い方をします。GNIとは、英語のGross National Incomeの頭文字をとった、その略語です。

つまり、国内で作られたものの総計としてのGDPと、日本国民の所得というのは、違ってくるわけです。たとえば、フリーキックの名手である中村俊輔というサッカー選手がいます。中村は、「サッカー」という経済活動を行い、付加価値を生産し、所得を得ています。この付加価値は、「サッカーによって人々に楽しみを与えること」によって生み出されています。これは、中村が横浜Fマリノスにいる間は、日本のGDP、そしてGNI

に入ってきます。ところが、その中村が、イタリアのセリエＡのチームに移籍しました。中村はそれ以降、日本ではなくイタリアという国で付加価値を生産します。これは、日本のＧＤＰではなく、イタリアのＧＤＰに入ってきます。しかし、この付加価値とは、日本人である中村の所得だから、依然として日本のＧＮＩではあることになります。

以上から明らかなように、昔でいう国民総生産（ＧＮＰ）、今でいう国民総所得（ＧＮＩ）とは、国内総生産（ＧＤＰ）から日本で経済活動を行っている外国人の所得を差し引き、それに海外で経済活動を行っている日本人の所得を加えたものです。図表２‐３（44〜45ページ）では、その数字は下の行に〈参考〉として記載されています。その「国民総所得」の額を、上の行の「国内総支出（国内総生産）」の額と比較してみると、どの時期でも前者が後者を上回っていることがわかります。これは、「海外で経済活動を行っている日本人の所得」が「日本で経済活動を行っている外国人の所得」を上回っていることを意味しています。

名目ＧＤＰと実質ＧＤＰ

図表２‐３を見ると、左の項目の次に「名目」と「実質」とが区別されている列があります。これは、「名目ＧＤＰ」と「実質ＧＤＰ」の金額の違いを示しています。名目ＧＤ

Pとは、「その時々の市場価格で表したGDP」です。要するに、何も特別の調整をしないで、単純にその時々の価格で付加価値を合計したものです。それに対して、実質GDPとは、物価の変動を考慮して、「基準時点の価格に基づいて評価し直したGDP」です。

たとえば、トヨタの自動車の価格が一台二〇〇万円であったとします。そして、そのうち一〇〇万円は、トヨタが他の企業から購入した原材料であったとします。その場合、自動車一台当たりのトヨタの付加価値は、残りの一〇〇万円になります。したがって、その額をトヨタが一年間に生産した自動車の台数に掛け合わせれば、トヨタが生み出した一年間の付加価値を求めることができます。

ここで重要なのは、この付加価値というのは、あくまでも「その時々の価格」に基づいているという点です。本来、「価格」すなわち「物の値段」というのは、商品の価値をお金で表現したものです。自動車が一台二〇〇万円であるということは、自動車一台と二〇〇万円というお金が交換されるということです。

ところが、実はお金というのは、基本的には「紙切れ」にすぎません。われわれが使っているお札は、正確には「日本銀行券」といいますが、これは単に、紙の上に細かい模様と人物の顔を印刷しただけのものです。したがって、日本銀行（日銀）は、これを増やそうと思えば、いくらでも増やすことができます。もちろん、減らすこともできます。単純にいえば、金融政策とはまさしく、中央銀行がお金を意図的に増やしたり減らしたりすることです。

それでは、もし日銀がお金をどんどん増やしつづけたらどうなるでしょうか。普通は、中央銀行がお金をどんどん増やせば、インフレになります。物というのは、供給量が増えれば増えるほど、値段が安くなります。それは、基本的にはお金も同じです。単純にいいますと、お金を増やせば増やすほどお金の価値が下がっていきます。お金の価値が下がっていくということは、物の値段が上がっていくということです。つまり、今までは自動車一台を購入するのに二〇〇万円を支払えばよかったのに、四〇〇万円を支払う必要が出てくるということです。これがインフレです。そして、デフレはその逆です。デフレでは、お金の価値が上がっていき、物の値段が下がっていきます。

お金の価値というのは、常に上がったり下がったりしています。第二次世界大戦に敗北を喫した直後の日本では、物資不足によって、ひどく高率のインフレが生じました。高度成長期の日本でも、四~八%の消費者物価上昇率という、比較的高率のインフレが続きました。また、第一次オイル・ショック直後の一九七四年の日本では、消費者物価上昇率でみて二〇%強のインフレが生じています。これは、お金の価値がそれだけ下がったということです。しかし、九〇年代後半以降の日本では、デフレが続いています。つまり、お金の価値が上がっています。

注意すべきは、このようなインフレやデフレという貨幣価値の変化によるGDPの変化は、単に見かけ上のものにすぎないという点です。たとえば、トヨタが一台二〇〇万円の自動車を一万台生産したとします。この場合、二〇〇億円（＝二〇〇万円×一万台）がトヨタの売上げで、その半分がトヨタの付加価値になります。しかし、次の年に、インフレによって自動車の値段が倍、すなわち一台四〇〇万円になっていたとします。この一台四〇〇万円という値段に基づいて単純に計算すると、トヨタの売上げも、トヨタの付加価値も倍になってしまいます。このように、インフレによってあらゆる財貨・サービスの値段が倍になったとすれば、GDPも倍になります。ところがこれは、単にインフレが起きて、お金の価値が半分に下がったからそうなっただけです。決して、日本が二倍豊かになったわけではありません。

経済の「豊かさ」を考える場合に、本質的に重要なのは、日本がその年に、何台の自動車を、そして何トンのコメを生産し消費できたのかです。金額で表していくら増加していても、単にインフレが起きてお金が目減りしただけでは、まったく意味がありません。ですから、名目でのGDPを、「実質的な豊かさ」を表す意味のある数字に変換するには、物価の変動分を調整しなければなりません。つまり、インフレが起きているのであればインフレの分だけを差し引き、デフレが起きているときは逆にその分を加算しなければなりません。そのように、名目GDPを物価指数で調整したのが、実質GDPです。

実質GDPは、以下のように求めます。まず、適当な「基準年」を決めます。図表2-3では、上のカッコに注意書きしてあるように、一九九五年が基準年に選ばれています。そして、各年の名目GDPから、基準年からの物価の変動分を差し引きます。そのときに使う物価指数は、GDPデフレータと呼ばれています。逆にいえば、名目GDPを実質GDPで割ったものが、GDPデフレータです。その値が1より大きければインフレ、1以下であればデフレが生じていたことを意味します。図表2-3を見ると、「二〇〇一暦年」の名目GDPは、実質GDPよりもかなり小さくなっています。これは、基準年である一九九五年から二〇〇一年の間に、それだけのデフレが生じていたことを示しています。

図表2-3にはまた、カッコの中にそれぞれの「増減率」の数字が示されています。その「年率換算成長率」とは、いわゆる経済成長率＝GDP成長率のことです。

おそらく、その時々の経済状況を表すものとして最も頻繁に用いられる概念の一つは、この「経済成長率」でしょう。端的にいえば、経済成長率とは、「一定期間におけるGDPの増加率」のことです。GDPに名目と実質の区別があるように、経済成長率にも名目成長率と実質成長率があります。しかし、新聞などで「プラス成長からマイナス成長になった」という言い方がされている場合には、通常は実質GDP成長率を意味しています。名目GDPと実質GDPの区別から類推できるように、一般に、インフレのときには名目成長率が実質成長率よりも高くなり、デフレのときにはその逆になります。

企業と家計

これまで、経済循環の基本は生産と支出であると説明してきました。本章のいちばん最初に出てきた「ロビンソン・クルーソーの経済」では、ロビンソン・クルーソーは生産の主体でもあり、同時に支出の主体でもありました。しかし、われわれの資本主義経済では、生産は「企業」という主体が、そして消費は主に「家計」という主体が担《にな》っています。つまり、われわれの経済には、企業と家計という二種類の経済主体が存在しています。すなわち、経済の基本単位は、この二つです。

もちろん、現実には、この二つが統合している場合もあると思います。たとえば、日本の農家の多くは、生産の単位であると同時に、消費の単位です。つまり、農家には、「企業」と「家計」の両方の側面があるということです。したがってこれからは、すべての経済活動を、企業と家計のそれぞれが担うべき部分に分割して考察します。

まず、企業が生産活動をするには何が必要でしょうか。ロビンソン・クルーソーであれば、あるいは狩猟採集を主体とする原始的な社会であれば、海に行って魚をとってくるとか、草原で動物を捕獲するというのが、最も一般的な「生産活動」です。しかし、そのような生活でも、道具は必要です。上述のように、道具とは、投資の結果として生み出される「資本」です。

現代の高度な経済では、この道具ならぬ「資本」の役割が非常に大きいのです。たとえば、自動車を考えてみましょう。自動車を生産するには、まずは工場が必要です。そして、設備が必要です。工作ロボットその他の機械が必要です。これらは、ある意味で、道具が非常に高度になったものです。それがあって初めて、自動車が生産できます。現代の経済では、自動車を作るにしても鉄鋼を作るにしてもパソコンを作るにしても、こうした膨大な資本設備が必要です。それをわれわれは、「資本」といっています。

実は、「資本」という言葉には、二つの意味があります。それは日常的には、「事業の元手になる資金」という意味で使われています。つまり、生産活動に必要な資本設備を調達するために必要なお金ということです。しかし、第一義的には、それは資本財、すなわち生産活動に必要な工場、設備、機械そのものを示しています。

生産活動にはもう一つ、労働力が必要です。さらには、土地が必要です。工場を作るにしても、土地がなければ始まりません。また、とくに農業生産においては、土地は非常に

図表2-6　投入と産出としての生産活動

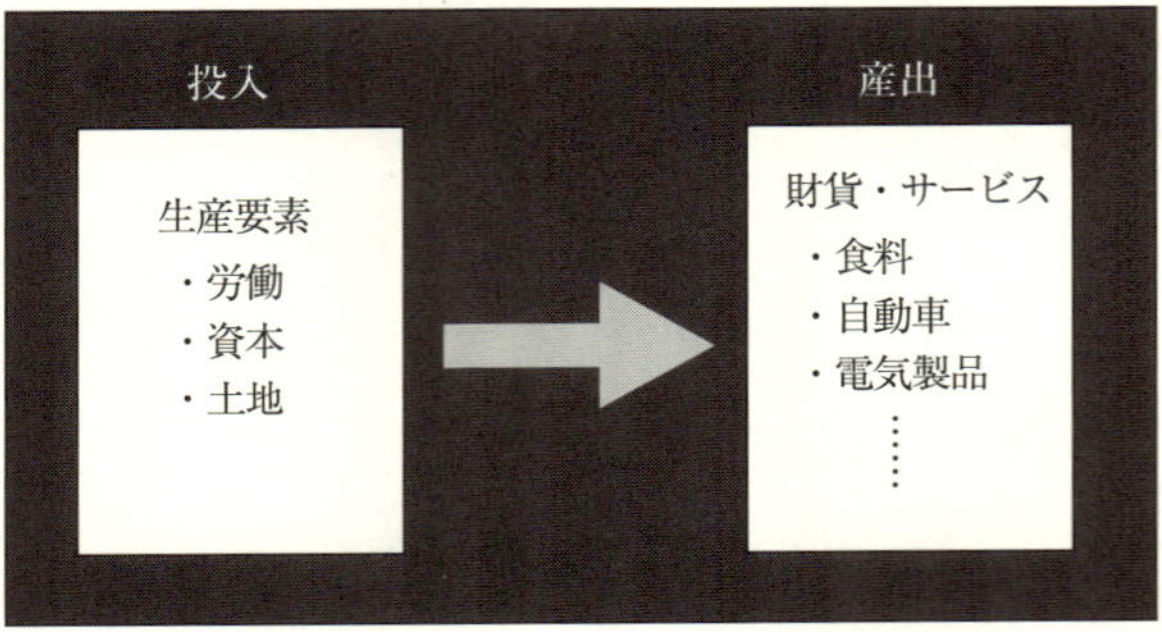

大きな役割を果たします。

　これら労働、資本、土地は、「生産要素」とも呼ばれています。端的にいえば、生産活動というのは、労働、資本、土地という生産要素＝投入物を、さまざまな財貨・サービスという産出物に変換する活動と考えることができます（図表2−6）。産出物とは、われわれが必要としている食料品であり、自動車であり、電気製品であり、さまざまなサービスです。その変換の役割を担っているのが、企業です。

　それでは、企業は、資本などの生産要素を、どのように調達するのでしょうか。明らかに、まず資金が必要です。企業はその資金を、さまざまなかたちで入手します。たとえば、株式や社債を発行します。あるいは、銀行から借ります。企業はその資金によって、生産活動に必要な工場、設備、機械を購入するのです。そのような資金の調達の場が、資本市場です。そして、その市場の担い手が、金融機関です。

ところで、企業が資金を必要としているということは、その反対側には資金を提供する経済主体がいるはずです。それは、家計です。

家計は多くの場合、貯蓄をしています。というのは、所得をすべて使ってしまうと、将来の生活に困る可能性があるからです。そして、この貯蓄を、預金として銀行に預けています。あるいは、資産を預金ではなく株式というかたちで保有しているかもしれません。あるいは、投資信託かもしれません。いずれにせよ、これらはすべて、広い意味での貯蓄です。

そのような家計の貯蓄が、資本市場を担うさまざまな金融機関を経由して、企業の投資資金に回っています。つまり、企業は実は、家計から資本を調達しています。この場合の資本とは、いうまでもなく「資金」としての資本です。

以上のように、家計は資本＝資金の本源的な供給主体です。それと同時に、労働の供給主体でもあります。家計には多くの場合、働いている人がいます。たとえば、会社や工場に行って働いています。あるいは、自分で商売をしています。そうやって所得を得て、生計を立てているのが家計です。逆にいえば、企業はそうやって、家計から労働力を調達しています。

図表2-7　家計と企業を含む経済循環

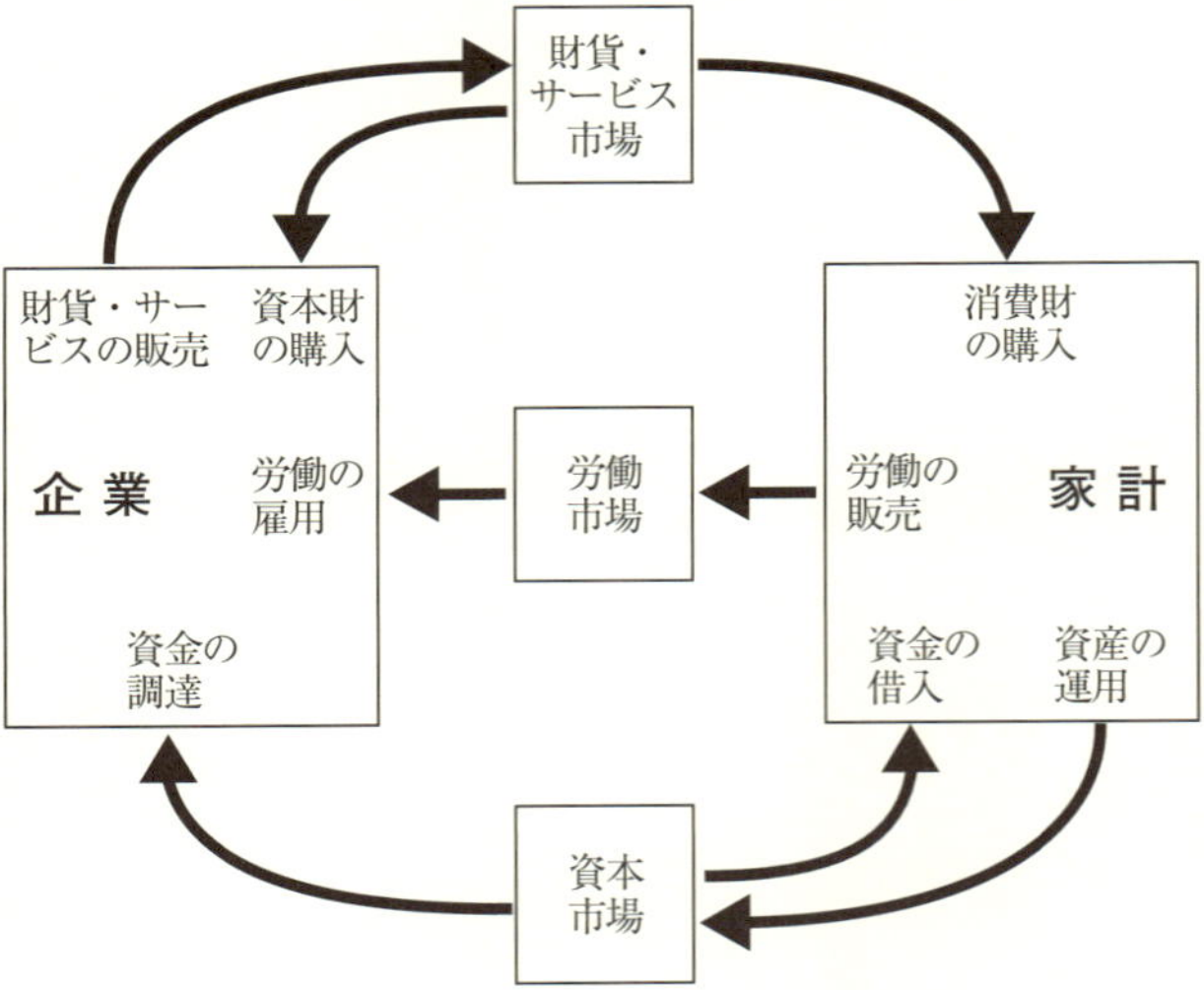

つまり、企業は家計から労働を調達し、家計から調達した資金によって資本財を購入し、労働者をそこで働かせて、いろいろな財やサービスを生産し、それを財貨・サービス市場で販売します。そして家計は、労働や資本を提供した見返りとして企業から得た所得からの支出によって、その財貨・サービスを消費のために購入するのです。われわれの経済は、基本的にはこのような経済循環に基づいています（図表2−7）。

生産、分配、支出の三面等価

国内総生産＝GDPと国内総支出は常に等しくなることについては、

すでに説明しました。しかし、経済循環の図式の中で、生産と消費の主体を企業と家計に分ける場合には、そこに「分配」という新たな経済問題が現れてきます。

既述のように、国内総生産とは、企業が作り出した付加価値の合計です。この付加価値は、大雑把には、従業員に対する賃金支払いか、あるいは企業の利益のどちらかに分配されます。この前者は「雇用者所得」、後者は「営業余剰」と呼ばれています。この営業余剰には、お金を借りている銀行に対する利子の支払い、株主に対する配当の支払いなども含まれています。ちなみに、付加価値に対する「雇用者所得」の比率を労働分配率、付加価値に対する「営業余剰」の比率を資本分配率という場合もあります。

付加価値はすべて、雇用者所得、営業余剰、投資財の補塡《ほてん》（固定資本減耗《げんもう》）、税金支払い（間接税－補助金）のどれかに分配されます。付加価値の総計としての国内総生産と、この「分配面からみた国内所得」は常に一致しています。ということは、国内総生産は国内総支出に等しく、さらにそれは「分配面からみた国内所得」にぴったり一致します。これを、「生産、分配、支出の三面等価の原則」といいます。

図表2－8（62～63ページ）は、一九九〇年以降の日本の国内総生産・総支出を、生産、分配、支出の面から一覧した表です。それぞれ、各項目の金額（名目）と、GDPに対するその比率が示されています。

図表2-8　生産、分配、支出の三面等価

生産

（単位：10億円、名目）

	1990	1991	1992	1993	1994	1995	1996	1997	1998	1999	2000
農林水産業	10,916 (2.40%)	10,839 (2.23%)	10,614 (2.12%)	9,779 (1.94%)	10,233 (2.01%)	9,346 (1.81%)	9,372 (1.77%)	8,363 (1.54%)	8,251 (1.54%)	7,583 (1.42%)	6,996 (1.31%)
鉱業	1121 (0.25%)	1102 (0.23%)	1068 (0.21%)	960 (0.19%)	864 (0.17%)	861 (0.17%)	867 (0.16%)	810 (0.15%)	743 (0.14%)	655 (0.12%)	636 (0.12%)
製造業	117,316 (25.77%)	124,508 (25.60%)	123,193 (24.60%)	117,008 (23.21%)	112,834 (22.13%)	114,669 (22.15%)	117,220 (22.12%)	119,417 (21.98%)	113,472 (21.11%)	110,989 (20.83%)	110,927 (20.77%)
建設業	43,406 (9.54%)	44,945 (9.24%)	44,989 (8.99%)	45,393 (9.00%)	44,044 (8.64%)	40,841 (7.89%)	40,965 (7.73%)	41,301 (7.60%)	39,740 (7.39%)	38,496 (7.22%)	37,636 (7.05%)
電気・ガス・水道業	11,232 (2.47%)	11,979 (2.46%)	12,363 (2.47%)	12,566 (2.49%)	13,089 (2.57%)	13,329 (2.57%)	13,584 (2.56%)	14,185 (2.61%)	14,543 (2.71%)	14,424 (2.71%)	14,312 (2.68%)
卸売・小売業	58,324 (12.81%)	65,904 (13.55%)	69,350 (13.85%)	70,189 (13.92%)	72,660 (14.25%)	75,788 (14.64%)	77,589 (14.64%)	80,630 (14.84%)	77,382 (14.40%)	73,099 (13.72%)	71,451 (13.38%)
金融・保険業	25,533 (5.61%)	26,452 (5.44%)	26,695 (5.33%)	26,111 (5.18%)	28,846 (5.66%)	29,361 (5.67%)	28,943 (5.46%)	30,244 (5.57%)	29,316 (5.45%)	33,045 (6.20%)	32,644 (6.11%)
不動産業	46,766 (10.27%)	49,676 (10.22%)	53,070 (10.60%)	56,672 (11.24%)	58,786 (11.53%)	59,734 (11.54%)	61,449 (11.60%)	63,196 (11.63%)	64,099 (11.93%)	65,130 (12.22%)	66,490 (12.45%)
運輸・通信業	29,090 (6.39%)	31,283 (6.43%)	32,214 (6.43%)	32,854 (6.52%)	33,736 (6.62%)	35,264 (6.81%)	35,162 (6.64%)	35,464 (6.53%)	34,652 (6.45%)	32,936 (6.18%)	32,909 (6.16%)
サービス業	70,955 (15.59%)	76,746 (15.78%)	82,112 (16.40%)	85,511 (16.96%)	86,245 (16.91%)	88,129 (17.02%)	92,689 (17.49%)	96,165 (17.70%)	100,008 (18.61%)	100,726 (18.90%)	104,182 (19.51%)
政府サービス生産者	33,913 (7.45%)	35,774 (7.36%)	37,434 (7.48%)	38,850 (7.71%)	40,079 (7.86%)	41,555 (8.03%)	42,890 (8.09%)	44,084 (8.12%)	45,177 (8.41%)	45,875 (8.61%)	46,430 (8.70%)
民間非営利サービス生産者	6,651 (1.46%)	7,068 (1.45%)	7,584 (1.51%)	8,202 (1.63%)	8,543 (1.68%)	8,885 (1.72%)	9,151 (1.73%)	9,331 (1.72%)	10,095 (1.88%)	10,001 (1.88%)	9,341 (1.75%)
国内総生産 小計	455,223	486,275	500,684	504,095	509,958	517,762	529,879	543,188	537,476	532,958	533,953
輸入税	2,737	2,880	2,900	2,555	2,681	2,860	3,009	3,165	2,929	2,941	3,165
帰属利子	16,803	17,349	20,167	19,507	22,143	24,425	23,385	25,028	24,855	24,807	23,738
国内総生産 合計	438,815	469,396	481,309	485,169	488,736	494,317	507,426	517,864	511,938	507,764	509,868
統計上の不突合	3,100	△166	273	1,350	3,099	3,422	3,377	3,998	3,897	4,074	3,666

分配

雇用者所得	230,677 (52.20%)	248,850 (53.03%)	257,127 (53.39%)	262,829 (54.02%)	267,840 (54.46%)	272,624 (54.77%)	276,983 (54.23%)	284,512 (54.52%)	281,782 (54.63%)	277,153 (54.15%)	279,617 (54.45%)
営業余剰	109,624 (24.81%)	115,391 (24.59%)	109,573 (22.75%)	106,190 (21.83%)	101,554 (20.65%)	98,904 (19.87%)	102,727 (20.11%)	103,086 (19.75%)	94,933 (18.40%)	96,072 (18.77%)	93,907 (18.29%)
固定資本減耗	68,262 (15.45%)	75,118 (16.01%)	80,949 (16.81%)	83,730 (17.21%)	86,150 (17.52%)	88,442 (17.77%)	91,677 (17.95%)	93,849 (17.98%)	95,805 (18.57%)	95,740 (18.71%)	97,951 (19.07%)
間接税	35,054	34,277	37,428	36,457	37,251	38,567	40,252	40,699	42,958	43,002	43,142
(－)補助金	4,802	4,239	3,769	4,037	4,058	4,220	4,213	4,281	3,539	4,203	4,749
統計上の不突合	3,100	△166	273	1,350	3,099	3,422	3,377	3,998	3,897	4,074	3,666
国内総生産・総支出	441,915	469,230	481,582	486,519	491,835	497,739	510,802	521,862	515,835	511,837	513,534

支出

民間最終消費支出	234,140 (52.98%)	247,005 (52.64%)	257,368 (53.44%)	264,456 (54.36%)	272,678 (55.44%)	275,745 (55.40%)	282,121 (55.23%)	287,152 (55.02%)	286,946 (55.63%)	288,764 (56.42%)	287,231 (55.93%)
民間国内投資	116,149 (26.28%)	121,747 (25.95%)	112,263 (23.31%)	101,792 (20.92%)	96,384 (19.60%)	98,626 (19.81%)	104,704 (20.50%)	109,672 (21.02%)	100,178 (19.42%)	92,776 (18.13%)	98,226 (19.13%)
政府支出	87,453 (19.79%)	92,931 (19.81%)	101,553 (21.09%)	109,505 (22.51%)	112,891 (22.95%)	116,411 (23.39%)	121,439 (23.77%)	119,280 (22.86%)	119,267 (23.12%)	122,405 (23.91%)	120,762 (23.52%)
財貨サービスの純輸出	4,173 (0.94%)	7,547 (1.61%)	10,398 (2.16%)	10,766 (2.21%)	9,883 (2.01%)	6,958 (1.40%)	2,539 (0.50%)	5,758 (1.10%)	9,444 (1.83%)	7,892 (1.54%)	7,316 (1.42%)
国内総生産・総支出	441,915	469,230	481,582	486,519	491,835	497,739	510,802	521,862	515,835	511,837	513,534
財貨サービスの輸出	45,863 (10.38%)	46,668 (9.95%)	47,288 (9.82%)	44,109 (9.07%)	44,270 (9.00%)	45,230 (9.09%)	49,561 (9.70%)	56,074 (10.74%)	55,051 (10.67%)	51,144 (9.99%)	55,256 (10.76%)
(－)財貨サービスの輸入	41,690 (9.43%)	39,121 (8.34%)	36,891 (7.66%)	33,344 (6.85%)	34,387 (6.99%)	38,272 (7.69%)	47,022 (9.21%)	50,316 (9.64%)	45,607 (8.84%)	43,251 (8.45%)	47,940 (9.34%)

（出所）内閣府経済社会総合研究所『国民経済計算年報（平成14年版）』より作成

生産に関しては、農林水産業、鉱業、製造業の対GDP比率は年々減少し、サービス業の対GDP比率が上昇していることがわかります。分配に関しては、雇用者所得の対GDP比率すなわち労働分配率は上昇し、営業余剰の対GDP比率すなわち資本分配率は低下する傾向にあることが確認できます。支出に関しては、民間消費の対GDP比率はあまり大きくは変動していないが、政府支出の対GDP比率は次第に拡大し、民間国内投資の対GDP比率は傾向的に減少していることがわかると思います。これらをどう解釈すべきかについては、またのちに考えていきましょう。

ミクロの視点――「最も望ましい選択」とは

これまで、経済循環の基本的な構図を説明してきました。重要なのは、その働きをどう解明するかです。そこには、二つのアプローチの仕方があります。それは、「ミクロ」と「マクロ」です。

まず「ミクロ」について。これは本来、「小さい」という意味です。上述のように、経済における最小単位とは、企業と家計です。この企業や家計は、いったいどのような原理に基づいて行動しているのか――まずは、これを考えてみましょう。

経済学では、企業＝生産者と家計＝消費者の行動について、以下の仮定を設けます。それは、企業は常に利益を最大にまで増やそうとして活動し、消費者は常に個人の効用＝満足を最大にまで増やそうとして消費、貯蓄、労働供給などを行っているという仮定です。このことを、企業の利潤最大化仮説、消費者の効用最大化仮説と呼びます。これが、ミクロ経済学の最も基本的な仮定です。

経済学が、企業および消費者の行動に関して、このような仮定を設けるということについては、古くからさまざまな批判があります。しかし、企業や個人の行動をよくよく振り返ってみると、このような仮定は、必ずしも非現実的とはいえません。むしろ逆に、この仮定に反した行動をするという状況は、きわめて奇異であるということがわかります。

たとえば、利潤を増やすという目標をまったく無視して行動する民間企業を考えてみましょう。明らかに、そのような企業は、長くは存続できません。というのは、利潤が得られずに赤字になるような企業は、やがては倒産する以外にはないからです。

よく、企業は利潤追求ばかりではいけないという主張があります。それはたしかに一理はあるのですが、必ずしも全面的に正しいわけではありません。というのは、利潤を得られていない企業というのは、基本的には、「社会が必要としている財貨・サービスを適切に提供していない企業」だからです。儲からない企業というのは、人々が必要としないものを提供しているか、あるいは誰も買わないような高い値段でしか提供できていないかのどちらかです。つまり、その生産物が社会的ニーズにあっていないから儲からないわけです。逆に、儲かる企業というのは、人々の必要としているものを作っているか、それを安く作っているから儲かっているわけです。そうしてみると、企業が利潤をあげるように行動するということは、十分に現実的であるだけでなく、社会的にも意味があるということがわかると思います。

むしろ社会的には、儲からない企業が社会に居座ってしまうということのほうが問題です。たとえば、国が何らかの関与を行っている企業は、赤字でも国がそれを補塡してくれるために、つい赤字を垂れ流してしまいがちです。昔の国鉄や、現在の特殊法人は、その典型的な実例です。もちろん、国が関与するということには、それぞれそれなりの理由があります。とはいえ、こうした例は、企業が利潤を無視して行動するということの弊害を、明瞭に示しています。

消費者の行動原理

同じことは、消費者の行動についてもいえます。ある意味で、消費者が「自分の満足に最もかなうような選択をしている」ということは、企業の場合以上に自明かもしれません。

たとえば、居酒屋に入るとします。財布の中身は二〇〇〇円であり、それで一杯やりたいとします。そこで、ビールを注文します。なぜそれを注文したのかを考えてみましょう。居酒屋には、いろいろなメニューが並んでいます。その中で、なぜあえてビールを選んだのかといえば、それはその人にとってそれが最も望ましかったからです。日本酒ではなくて、ウーロンハイでもなくて、ビールを選んだのは、それがその人にいちばん満足を与える財だったからです。

われわれの行動は、すべてそうしたものです。本屋に行ってある本を買うのでも、いろいろな本が無数にある中でそれを選んだのは、その本が他の本よりもいちばん高い満足、あるいは効用を与えてくれる本だからです。それ以外のことは考えられません。

つまり、われわれが自発的に行動するかぎり、われわれの消費の選択のすべては、他のあらゆる選択よりも望ましいという意味で、われわれ自身の満足を最大化していると考えることができます。そして実は、この原理は、購買行動についてだけではなく、「選択」を伴う行動のほぼすべてに関してあてはまります。

たとえば、「時間の使い方」もそうです。誰にとっても時間は限られており、一日は二十四時間しかありません。したがって、テレビを見る時間を増やしてしまうと、読書の時間がなくなり、睡眠時間がなくなったりします。それでもテレビを見たい人がいるとすれば、それは、読書よりはテレビのほうがその人にとっては満足度が高いから、そういう選択をしているのです。

学生がアルバイトをどれだけするのかについても、同じように考えることができます。アルバイトの時間を増やせば、たしかにお金をたくさん稼ぐことができます。とはいえ、アルバイトばかりでは体がもたないし、遊ぶ時間もなくなってしまいます。せいぜい、週に二回程度のものでしょう。もしそうだとすれば、この週に二回というのが、その人にとって最適な選択であったということになります。

家計にとってもう一つ重要な選択は、「お金を今使うのか、将来使うのか」です。「消費」とは、お金を今使うことです。そして、「貯蓄」とは、お金を将来使うために資産として残しておくことです。その時々の所得のうち、どれだけを消費あるいは貯蓄するのかという問題に、家計は常に直面しています。お金を今使ってしまいますと、貯蓄すなわち将来使えるお金が減ってしまいます。逆に、消費を我慢すれば、貯蓄が増え、将来ゆったりとした生活が享受できます。ですからこれは、今いい思いをするか、将来いい思いをするかの間の選択です。結果としてどのような選択がなされたにせよ、それは、その家計にとっては最も望ましい選択なのです。

以上のように、家計の行動原理は、財貨・サービスの購入にせよ、労働供給にせよ、消費・貯蓄行動にせよ、選択可能なメニューの中から自らにとって最も満足度の高い選択をするということに帰着します。ちなみに、この「満足度」は、より厳密には「限界効用」と呼ばれています。限界効用とは、ある財貨・サービスの「最後の一単位」を享受することで得られる満足度のことです。たとえば、ビールというのは、最初の一本はおいしいのですが、二本三本と飲んでいくと、だんだんと腹が膨《ふく》れてきて、飲むのがいやになってきます。つまり、ビールを飲む本数が増えていくと、「最後の一本」から得られる満足度が減っていきます。これを、「限界効用逓減《ていげん》の法則」と呼びます。ところが、往々にして、ビールは三本までしか飲めないけれども、日本酒なら飲めるということがあります。これは、「四本目のビールの限界効用」よりも「一杯目の日本酒の限界効用」のほうが高いことを意味しています。

経済学には、「限界効用均等化の法則」という定理があります。これは、以上のような消費者の効用最大化原理に基づく購買行動の結果、あらゆる財の限界効用がその個人にとってほぼ等しくなるという原理です。というのは、もし「四本目のビールの限界効用」のほうが「一杯目の日本酒の限界効用」よりも高ければ、その人は依然として日本酒ではなくビールを飲むはずだからです。その人がビールから日本酒に切り換えたということは、「三本目のビールの限界効用」が「一杯目の日本酒の限界効用」とほぼ同じになるまで逓減したことを示しています。つまり、消費者が自らの効用を最大化させようとするかぎり、限界効用は均等化していくはずなのです。

これが、ミクロ経済学の基本的原理です。このミクロの原理というのは、企業や家計がもっぱら自分の利益や満足を増やすという「利己主義的」な行動をしているという言い方をすることもできます。利己主義というのは非常に語感がよくないのですが、別に他人に害悪を与えているというわけではありません。企業にしても家計にしても、いくら他人が損をしても、「自分の得」にならないかぎり意味はないはずだからです。この場合の利己主義とは、あくまでも、「人々は常に自分の状況をより改善しようと考えて行動している」ということです。

マクロの視点——経済全体の動き

経済に対する見方には、もう一つ「マクロ」からの見方があります。マクロとは、「大きい」という意味です。それは簡単にいえば、「経済全体の変数に注目する見方」です。

上述のように、経済の基本単位は企業と家計です。その行動の結果をすべて集計すると、生産でいえばGDP、家計でいえば消費や貯蓄の額が得られます。これらは、個々の経済主体の意向はとりあえず無視して集計した数字という意味で、「マクロ的な変数」と呼ばれます。このマクロ的な変数には、GDPのようなものだけではなく、失業率、インフレ率、貿易収支などがあります。

経済学は一般に、ミクロ経済学とマクロ経済学に分けられます。この両者の関係をどう考えるかというのは非常に難問で、いろいろな議論があってなかなか決着がついていません。ミクロ経済学では、企業や消費者の合理的な意志決定、すなわち自らの利益ないし満足を最大化しようとする選択から出発して、いろいろな経済現象を分析していきます。その結果を単純に集計すればマクロ経済学になりそうな感じがするのですが、そこがなかなかうまくいきません。そのように考えていっても、景気変動のような現象は、なかなかうまく説明できません。そこで、ミクロ的な基礎はあまり厳密に考えないで、大雑把にマクロ経済全体のことを考えようではないかというのが、「本来の」マクロ経済学といっていいと思います。

ここで「本来の」という言葉を使ったのは、現在の経済学の中では、「厳密なミクロ的基礎に基づいたマクロ経済学」というものも存在しているからです。ただし、そのように理論的に厳密にしていっても、必ずしも現実の説明能力が高まるわけではないというのが、経済学のやっかいなところです。

マクロ経済学の最大のテーマは、「GDPはどう決まるか」です。この問題について、

「本来のマクロ経済学」は、供給側の要因よりも需要側の要因を重視します。需要と供給といっても、マクロ経済学では、個々の財貨やサービスに関するそれと区別して、「総需要」、「総供給」と呼びます。総需要とは、これまで説明してきた国内総支出にほぼ対応しています。すなわち、民間消費、民間投資、政府支出、純輸出を集計したものです。これらは、短期的にはかなり変動します。企業が先行きを悲観して投資を減らせば、あるいは家計が消費をやめて貯蓄を増やせば、総需要は減ります。簡単にいえば、マクロ経済学では、「この総需要の動向によって総供給＝ＧＤＰが決まる」と考えるのです。

マクロ経済の因果関係

それでは、このＧＤＰを規定する「総需要」の各項目がどのような要因によって決まっているのかを、もう少し厳密に考えてみます。

まず、民間消費です。明らかなのは、所得がなければ消費などはできないという点です。もちろん、たとえ会社を首になったとしても、いままでの資産で食いつなぐことはできるでしょう。失業手当ももらえるかもしれません。しかし、もし職が永久に見つからず、所得がないままということになれば、消費を切り詰める以外にはなくなるでしょう。つまり、消費は所得に依存しているということです。

ここで注意すべきは、消費は所得に依存しているといっても、それは単に現在の所得だけではないという点です。たとえば、それまでは安泰だと思っていた会社が危なくなり、将来もらえると思っていた所得がもらえないかもしれないということになれば、おそらく多くの家計は、将来に備えて、消費を控えて貯蓄を増やすでしょう。あるいは、株価が予想以上に下落して、資産が目減りした場合でも、同じことをするでしょう。つまり、消費そして投資は、現在の所得だけではなく、過去の貯蓄の結果として現在持っている資産や、将来得られるであろう所得にも依存しているということです。

次に、企業が行う投資についてです。企業が投資をして設備を拡大するのは、もちろん生産を拡大するためです。生産を拡大するのは、売れる見込みがあるからです。売れる見込みもないのに借金をして設備投資をしても、借金の返済に苦しむことになるだけでしょう。ところが、売れるか売れないかは、物を作ってみないとわからないというのが実情です。つまり、「不確実性」があります。その意味では、企業が行う投資とは、ある種の「賭け」とさえいえます。

図表2-8（62〜63ページ）の「支出」の数字を見ればわかるように、一般に民間投資は、民間消費などと比較すると、その変動幅がきわめて大きいという特徴を持っています。景気が過熱していたバブル期には、民間投資の対GDP比率は二五%を超える水準にまで達

していましたが、景気の低迷が続いた九〇年代半ば以降は、二〇％程度にまで低下しました。これはまさに、投資というものが、売れる売れないについての企業経営者の主観的な「見込み」に基づいて行われることの証左です。企業は、バブル期のように景気が右肩上がりで良くなっていくと思えば、設備投資を拡大させていきます。逆に、これから景気が落ち込みそうだというときには、設備投資を急激に縮小させます。日本の民間投資の動きは、ほぼそのとおりになっています。

アメリカでも、一九九〇年代の末頃には、いわゆる「ＩＴバブル」が生じました。そのときアメリカでは、光ファイバーなどに過剰な設備投資が行われました。しかし、このＩＴバブルが崩壊したのちには、民間の設備投資は低迷しつづけています。要するに、民間投資というのは、景気の動向によって大きく「ぶれる」ものだということです。

民間投資にとってもう一つ重要なのは、「金利」です。企業は設備投資をするときには、お金を借りなければなりません。そして、お金を借りるときには、金利を払わなければなりません。金利が低ければ、お金を借りやすくなります。ですから、金利が低くなれば、設備投資をしようと考える企業が増えていきます。

それは、家計が住宅を買う場合でも同じです。住宅の購入は、家計による投資です。多くの家計は、住宅の購入に際してはローンを組みます。そのときに何を最も気にするかといえば、それは金利です。金利が低いときには住宅を買う決断をしやすくなります。逆に金利が高いときには、もう少し借家暮らしで我慢しようということになるかもしれません。

民間投資、民間消費に次いで重要なのは、政府の需要、すなわち政府支出です。われわれの経済の「総需要」の動向に対しては、政府が支出を増やすのか減らすのかということも、非常に大きな意味を持ちます。

一般に、政府の税収は、景気が良くなると増え、悪くなると減ります。しかし、政府は、景気が良くても悪くても、お金を使おうと思えば使えます。もちろん、税金で集められる政府の収入額には、限度があります。ところが、今の日本では、十年以上もの間、政府が税金で集めた額以上のお金を使っています。これが、財政赤字です。この財政赤字は、国債という政府の借金によって賄われています。つまり、政府は借金さえできるのであれば、税収の額にとらわれることなく、公共投資などの拡大にお金を使うことができるということです。政府がお金を使うということは、まさしく政府それ自身が「総需要」を創出するということにほかなりません。これがどのような役割を持つのかについては、のちの「政府の役割」の章で詳述します。

最後は、財貨・サービスの純輸出です。これは、新聞や経済誌などでは、「外需」という呼び方がされることがあります。輸出とは、国内で生産した財貨・サービスに対する、外国からの需要です。それに対して、輸入とは、需要が海外に漏れていることと考えられます。したがって、外国からの真の需要を考えるためには、「財貨・サービスの輸出」から「財貨・サービスの輸入」すなわち需要の漏れを差し引く必要があります。それが、財貨・サービスの純輸出＝外需です。この外需に影響を与える要因にはいろいろありますが、一般的には、日本および外国諸国の所得や為替レートなどが重要と考えられています。

何がGDPを決めるのか――短期と長期

以上のように、マクロの「総需要」を構成する各項目＝変数は、経済の諸要因の変化に伴って、場合によっては大きく変動します。つまり、総需要は絶えず変動しています。GDPの変動＝GDP成長率は、短期的にはこうした総需要の動きによって決まってくるというのが、「本来の」マクロ経済学の基本的な考え方です。

この「総需要がGDPを決める」ということの意味は、図表2－7（60ページ）の経済循環の図式を見ると、よくわかると思います。そもそも、企業がさまざまな財貨・サービスを生産するのは、家計や他の企業に販売するためです。つまり、家計や企業、あるいは政府の需要を満たすためです。この需要がなければ、企業がいくら生産をしても、ムダになってしまいます。したがって、生産を縮小したり、雇用者を解雇したりします。つまり、GDPが減少します。あるいは、GDP成長率が低下します。

ただし、GDPの変動を、何十年というもう少し長期のスパンで見ると、需要側よりも供給側の要因のほうがはるかに重要になってきます。日本経済は、ここ十数年こそは低成長に甘んじていますが、戦後から高度成長期を経て八〇年代末にいたるまでは、めざましい経済成長を遂げてきました。すなわち、われわれは物的にはどんどん豊かになっていきました。端的にいえば、それは、日本経済の財やサービスを生産する能力がその間に大きく増えたからです。経済の変動といっても、このような長い期間を見る場合には、需要の短期的な変動は無視してもほとんど問題はありません。

それでは、日本経済の生産力がそのように急激に拡大したのは、なぜなのでしょうか。その要因は、主に二つあります。一つは、生産要素の供給量の増加、とりわけ資本ストック（資本の蓄積量）の増加です。そしてもう一つは、生産技術の向上による生産性の上昇です。

日本は元来、土地が狭く、資源に乏《とぼ》しい国です。にもかかわらず、ある時期までは、世界を刮目《かつもく》させるような経済成長を実現させました。そこで重要な役割を果たしたのが、「投資」です。すでに述べたように、投資とは、資本を増やすための支出です。ところで、投資のためには、家計の「貯蓄」が必要です。現在もそうなのですが、日本は昔から、家計の貯蓄率のきわめて高い国として知られています。つまり、日本では、その家計の豊富な貯蓄が、資本市場を通じて、企業の投資資金として支出されつづけてきたのです。その投資によって、日本の資本ストックは、急速に増加しました。こうした、生産要素としての資本の増加は、当然ながら財やサービスの生産量をも増加させることになります。高い経済成長は、このようにして実現されたのです。

他方で、経済全体の生産性は、新しい技術や知識の発見によって常に上昇していきます。生産性とは、「生産要素一単位あたりの生産量」のことです。たとえば、「労働生産性」とは、労働者一人が一定期間に生産できる財やサービスの量です。より優れた生産方法が発見され、それが実用化されれば、たとえ生産要素の供給量が一定でも、生産性が上昇し、財やサービスの生産量が増加していきます。経済成長率は、このことによっても上昇していきます。

実際、日本の生産性上昇率は、ある時期まではきわめて高い水準を維持していました。それが、日本の高い経済成長率に結びついていたのです。

「日本の失われた十年」の原因とは？

本章の最後に、前章で提起した「日本経済はなぜ低迷を続けているのか」という問題を、これまで説明してきた枠組みを用いて問い直しておきます。

図表2-3（44〜45ページ）の、国内総支出（国内総生産）の「年率換算成長率」の数字を見ると、二〇〇一年の一〜三月期には四・一％のプラス成長になっています。ところが、次の四〜六月期には、四・八％ものマイナス成長です。基本的に、経済の生産能力というのは、そう急激に落ちるものではありません。このように成長率が突然プラスからマイナスに転じたのは、総需要が減少してしまって、企業が生産を縮小せざるをえなくなったからであるのは明らかです。

問題は、このような「総需要不足」の状態が、日本ではもう十年以上も続いているということです。たしかに、多少景気がよくなれば成長率もまたプラスになるというのであれば、あまりそれに一喜一憂する必要はないでしょう。しかし、もしマイナス成長が何年も続くのなら、われわれとしては非常に困ることになります。そのような総需要不足の状態が続くかぎり、企業の倒産や失業の増加が止まることはないはずだからです。

それに対して、専門家の中には、この日本の低成長について、「日本の生産能力それ自体が低下したからで、総需要不足によるものではない」と考えている人々もいます。テレビなどで「景気対策よりも構造改革を重視せよ」と主張しているエコノミストのほとんどは、その立場の人々といってよいでしょう。

たしかに、不況＝総需要不足が十年以上も続いている状態というのは、歴史上にもほとんど例がないことです。とはいえ、その「長さ」だけを根拠にして、問題は需要側にではなく供給側にあると主張することはできません。右で説明した「短期」に対する「長期」というのは、五年とか十年といった具体的な期間ではなく、「総需要の変動を無視できるくらいの長さ」という意味での、「概念的な時間」です。日本の十年にもわたる低成長は、基本的には総需要の不足によって生じたということは、その間に失業率は一貫して上昇し、物価は下落しつづけてきたという事実からも明白です。というのは、企業が従業員の首切りやリストラを迫られたり、過酷な値下げ競争を強いられたりするのは、物を作っても売れない、すなわち需要が足りないからこそだからです。

このような「経済の基本的な見方」を踏まえておくことは、「われわれにとって真に必要な経済政策とは何か」を考えるうえでも、きわめて重要なのです。

第3章 市場とは何か

経済循環を媒介する「市場」

前章では、われわれの経済のなりたち＝経済循環について、基本的な説明をしました。しかし、そこでは、何がその循環を媒介するのかについては、ほとんど説明はしませんでした。経済主体には、企業と家計があります。そして、その両者を結んでいるものがあります。それは、「市場」です。

前章の図表2－7（60ページ）をもう一度見てみましょう。そこには、企業があり、家計があります。企業は、財貨・サービスを生産します。家計は、それを購入します。あるいは、企業も、投資財を購入します。その財貨・サービスの供給と需要を媒介する場が、財貨・サービス市場です。

家計と企業を媒介する二番目の市場は、労働市場です。企業は家計から労働を調達します。逆にいえば、家計は企業に労働を提供します。つまり、企業は労働の買い手で、家計は労働の売り手です。この、労働の供給と需要を媒介する場が、労働市場です。

最後の一つは、資本市場です。これについては、すでに前章で簡単な説明をしました。企業は、投資のための資金を調達するために、お金を借ります。家計は、将来の生活のために貯蓄しています。この、資金の需要と供給を媒介する場が、資本市場です。そして、資本市場の担い手とは、各種の金融機関です。

つまり、われわれの経済の循環においては、企業と家計は、この三つの市場を通じて結びつけられているということです。「市場経済」とは、こうした市場が完備された経済のことです。本章では、この「市場」なるものが、われわれの経済でどのような機能と役割を持っているのかを考えていきます。

結論を端的にいえば、市場の最も重要な機能とは、価格の調整を通じて、売り手の希望＝供給と買い手の希望＝需要を一致させるということです。たとえば財貨・サービス市場では、企業は財やサービスの売り手＝供給主体であり、家計はその買い手＝需要主体です。労働市場では逆に、家計が労働の供給主体であり、企業は需要主体です。このように、市場には常に需要と供給があります。逆にいえば、この両者しかありません。売り手と買い手がいて、これだけ売りたい、買いたいという希望がある。この両者の希望が一致しないと、物が余ってしまったり、買い手ばかりが多くて買いたい物がなかなか手に入らないということにもなります。実際、市場の機能を否定した「社会主義経済」では、こうしたことはまさに日常茶飯事でした。

要するに、需要と供給をうまく調整させるのが市場です。重要なのは、市場はその調整を、「価格」を用いて行っているという点です。したがって、この「値段の決まり方」を理解することが、市場の働きを理解する鍵になります。一般に、市場のこのような働きは、「市場メカニズム」あるいは「価格メカニズム」と呼ばれます。

「せり」のメカニズム

まず、「価格の動きによって需要と供給が調整される」という、市場の最も基本的なメカニズムを理解するためには、どのようなイメージを持ったらよいのか——これを考えていきます。

われわれが知っている「市場」の中で、本質的な意味での市場の役割を最もよく体現しているような市場とは何かといえば、それは少なくともスーパーマーケットのような「小売市場」ではありません。スーパーマーケットというのは、いろいろな商品が並べてあって、消費者がその値段のとおりに思い思いに買っているような場にすぎません。これは、極端にいえば「物の受け渡し」が行われているだけです。つまり、スーパーマーケットは、市場の最も重要な機能である「価格調整の機能」を持っていません。

もちろん、スーパーマーケットでも、夕方になっても生鮮食品が売れ残っているときには、値札を付け替えたりすることはあります。実はこれは、「本来の市場の機能」の重要な部分を体現しています。しかし一般的にいえば、小売市場の多くは、価格調整の機能を持たないという意味で、市場の意味を理解するのには、あまり適切な例ではありません。
それでは、経済学でいう「市場」を最もよく現しているのはどのような市場かといえば、それはたとえば「せり」です。

せりは、英語ではオークション（auction）といいます。最近では、インターネット上に「インターネット・オークション」のサイトが多数存在しています。これはまさしく、せりをインターネット上で展開することによって、従来のせりにはつきものだった距離的な制約をまったくなくしてしまったものです。しかし、ここではまず、買い手が一ヵ所に集まって行われるような、伝統的な形態のせりを念頭におくことにします。

日本には各地に、伝統的にせりが行われてきたことで知られている場所が数多くあります。せりを行うには、売り手と買い手が一ヵ所に集まらなくてはなりません。つまり、「毎朝早朝この場所でせりを行う」というように、「場所」と「時間」を特定しなければなりません。そのようにして定着したのが、日本のいろいろな地方にある「卸売市場」です。

数ある卸売市場の中で最も有名なのは、やはり東京にある築地市場でしょう。早朝に築地市場に行きますと、生鮮野菜や魚などのせりが行われています。たとえば、ここには毎朝、水産業者から大量のマグロが持ち込まれてきます。これが、マグロの「供給」です。

水産業者はもちろん、持ち込んだマグロを、一匹残らず売りさばかなくてはなりません。では、買い手は誰かというと、それは、マグロの仲卸業者です。仲卸業者とは、もっぱら魚屋さんやスーパーマーケットの担当者、あるいは料理店や料亭の人たちを相手にマグロを売っている業者です。そういったプロが、売り物やネタを仕入れていくのが、卸売市場です。スーパーマーケットや町の魚屋さんとは異なり、卸売市場にとっての「顧客」は、一般消費者ではありません。

実際のマグロのせりは、以下のように行われます。まず、水産業者によって、せりにかけられる予定のマグロが、フロアー一面に並べられます。せりの前に、そのマグロを、仲卸業者たちが一匹一匹チェックしていきます。それがすむと、いよいよせりが始まります。

ここで重要な役割を果たすのが、「競売人」と呼ばれる人物です。この競売人だけが、せりに参加する仲卸業者とは異なる色の帽子をかぶっているので、役割が違うことははた目で見てもわかります。この競売人は、小さな台の上に立ち、独特のだみ声とリズムでマグロの値段を言っていきます。仲卸業者たちは、その向かいの階段に並び、独特の手のサインで、自分がマグロを買う意思があることをアピールします。

たとえば、競売人が、ある上物のマグロに六〇万円の値段を叫んだとします。ここで、三人の仲卸業者から買いの意思表示があったとします。このマグロは一匹しかありません

図表3-1　せりでの値段の決まり方

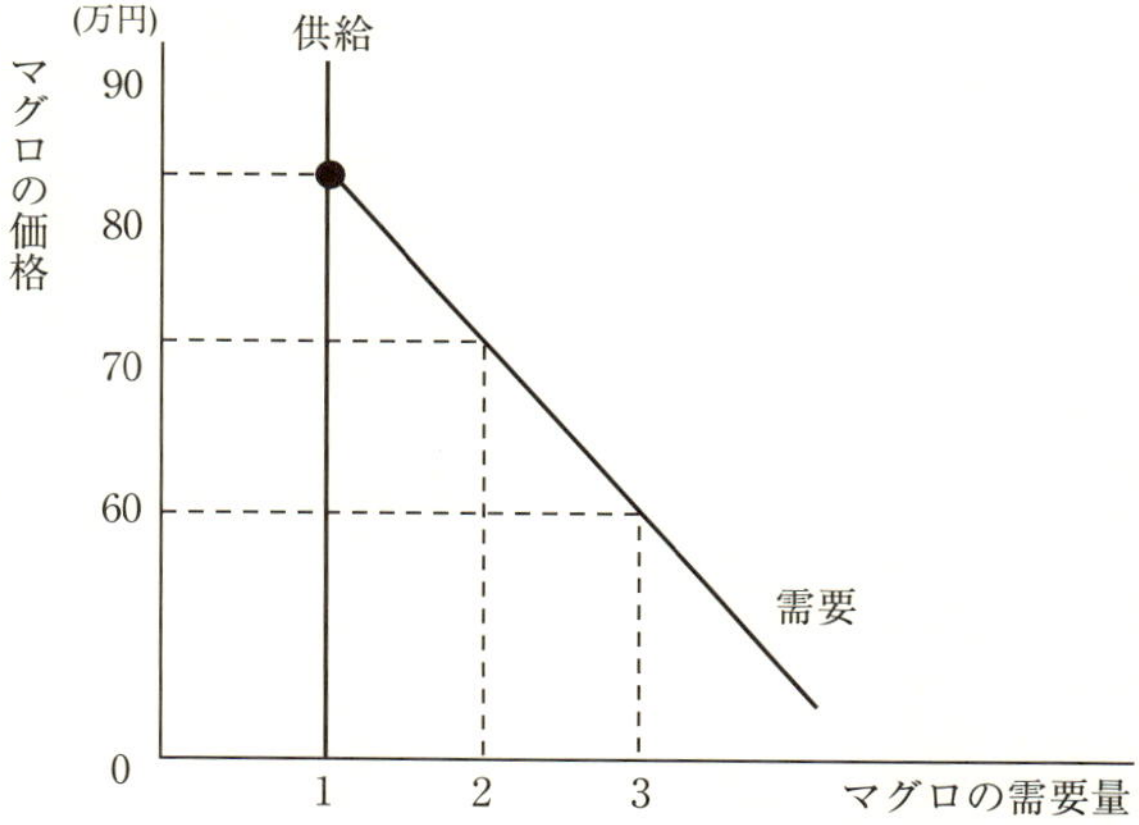

ので、これでは買い手を決めることはできません。そこで、競売人は、そのマグロの値段を七〇万円に引き上げます。それによって、購入希望の仲買業者は、三人から二人に減ったとします。それでも、買い手はまだ決まりません。そこで、マグロの値段をさらに引き上げ、八〇万円にします。ここでようやく、買いの希望者は一人になったとします。売買は、ここではうまく成立します。それは、八〇万円という値段において、マグロの「需要」がその「供給」に対して調整されたことを意味しています。

図表3-1は、以上のような「せり」のメカニズムを、図を用いて説明したものです。この図の縦軸には、競売人が叫ぶ「マグロの値段」がとられており、横軸には、その値段

で購買の意思表示を示した仲卸業者たちの数がとられています。その数は、六〇万円のときには三、七〇万円のときには二、八〇万円で一ですから、それを結んでいくと、図のような右下がりの線になります。これは、その時々の価格における「マグロの需要量」を示した線と考えることができます。このように、それぞれの価格に対応する需要量を描いた線を、「需要曲線」と言います。

それに対して、このマグロのせりの例では、マグロの供給は、どのような値段のときでも「常に一匹」です。したがって、それぞれの価格に対応する供給量を描いた「供給曲線」を考えるとすれば、それは図のような垂直の直線になります。そして、この需要曲線と供給曲線は、マグロの値段が八〇万円のときにおいてのみ交わることになります。

ところで、仮に競売人が、最初にこのマグロに九〇万円の値段を叫んだとすれば、どうなるのでしょうか。この図を見ても明らかなように、そのときには、マグロの購買希望者は一人もいなくなります。したがって、競売人は逆に、マグロの値段を下げていきます。値段を八〇万円にまで下げれば、必ず購買希望の仲卸業者が一人現れるはずです。つまり、最初の価格がどうであれ、実現される結果は同じということです。

「せり市場」の例――株式市場と外国為替市場

われわれの経済には、以上のような「せり」が行われる市場が、数多く存在しています。それはたとえば、株式市場であり、外国為替市場です。それらは、一見すると、築地の卸売市場で行われているマグロのせりとは、あまりにも大きく異なっています。しかし実は、「需要と供給を価格によって調整する」という本質においては、これらの市場で行われていることは、まったく同じなのです。

たとえば、株式市場について考えてみます。株式市場とは、文字どおり株式が売買される市場です。東京の兜町《かぶとちょう》には、東京証券取引所、略して「東証」があります。現在の東証の株式市場は、取引がすべてオンライン化されています。つまり、株式の売買は、すべてコンピュータの端末を通じて行われています。しかし、そのような形態になったのは一九九九年五月からで、それ以前は、大勢の業者が集まる「立会場」と呼ばれる場所で、株式の「せり」が行われていました。

この株式のせりは、本質的にはマグロのせりと同じですが、異なる点もあります。それは、マグロのせりの参加者はマグロを買いたい仲卸業者だけであるのに対して、株式市場の参加者は、株式を買いもすれば売りもするという点です。昔の株券売買立会場では、彼らがその株式の売買の注文を、手のサインを使って行っていました。現在ではそれを、コンピュータの端末から行っています。しかし、行われていることは、どちらも基本的には同じです。そこでは、ある株価である株式を買いたい人が売りたい人より多ければ、その株式の株価はどんどんつり上がっていきます。逆の場合には、株価が下がっていきます。つまり、株式市場では、この株価の変化を通じて、ある株式の「売り」と「買い」が等しくなるように、常に調整されていくのです。

もう一つの例は、外国為替市場です。外国為替市場とは、ドルなりユーロなりといった「外貨」が売買される市場です。外国為替市場には、株式市場とは大きく異なる特質があります。それは、「兜町にある東京証券取引所」といったような、特定の場所があるわけではないという点です。ですから、「東京外国為替市場を見学したい」と考えても、それは不可能なのです。では、一般に「東京外国為替市場」と呼ばれている市場の実体とは何なのかといえば、それは、金融機関の為替ディーラーなどを参加者とする外貨売買のネットワークの全体です。

一般に、われわれが海外旅行に行くときには、その国の外貨が必要です。そして、銀行に行けば、その時々の為替レートで、円を外貨と交換してくれます。銀行では、逆に外貨を円に交換もしてくれます。実際、外貨建てで日本から海外に物を輸出した輸出業者は、輸出で稼いだ外貨を円に交換しなければなりません。こうした外貨の売買に応じるために、銀行では常に、一定程度の外貨を保有しています。しかし、外貨の保有には、常に「為替リスク」を伴うという問題があります。たとえば、ドルをたくさん保有している銀行は、ドル安が予想外に進んでしまったときには、大きな為替差損をこうむることになります。したがって、ドル安が進みそうであれば、なるべくドルの保有残高を減らしておかなくてはなりません。そのときに、ドルの売買を実際に実行するのが、為替ディーラーです。

為替ディーラーたちは、外貨を売買したいときには、他の金融機関の為替ディーラーや、あるいは金融機関の間の資金や外貨の取引を仲介する「短資会社」と呼ばれる会社に属している為替ブローカーに、外貨をこれだけ買いたい、あるいは売りたいという注文を出します。為替ディーラーたちは、昔はこの注文をもっぱら電話で行っていましたが、現在ではほとんどコンピュータの端末から行っています。

たとえば、ある短資会社の為替ブローカーのところに、ドルを売りたいという注文ばかりが殺到したとしましょう。ブローカーの仕事とは、注文を受けて、ドルを売りたいディーラーと買いたいディーラーの間をつなぐことです。しかし、売りばかりが殺到したら、十分な買い手を見つけることができません。したがって、ドルの値段(＝ドルの円に対する為替レート)は下がっていきます。つまり、ドル安円高になります。ところが、ドルの値段が低下していくにつれ、ドルを買おうとする為替ディーラーも増えてきます。逆に、ドル売りはしだいに減っていきます。そして、ドルの売りと買いが一致したところで、為替レートの落ち着き先が決まります。買いが殺到した場合には、まったくこの逆で、為替レートがドル高円安になることによって、ドルの需要と供給が調整されます。これが、外国為替市場で為替レートが決まるメカニズムです。

結局、市場の本質的な役割は、築地の卸売市場でも、兜町の株式市場でも、外国為替市場でも、すべて同じだということです。それは、マグロ、株式、外貨の需要と供給を、価格、株価、為替レートの調整によって一致させるということです。その需要と供給の調整こそが、市場の最も重要な機能なのです。

価格に対する企業と消費者の反応

ところで、先のマグロの「せり」の例では、市場におけるマグロの供給量は「一匹」でした。つまり、供給は常に一定でした。このことは、せりにかけられるマグロが何匹であろうが、基本的には同じです。というのは、水産業者は、卸売市場に持ち込んだマグロは残らず売りたいはずだからです。したがって、この場合には、供給量は価格とは無関係であり、それは常に一定です。

しかし、もう少し長い目で見ますと、市場における財貨・サービスの価格は、生産者である企業の供給行動それ自体にも影響を与えます。たとえば、「マグロは体に悪い」という事実が突然明らかになったとします。その場合、人々はマグロを食べなくなっていくでしょう。そうすると、マグロを買おうとする仲卸業者たちも減っていくことになるので、築地市場でのマグロの価格も、下落していきます。そうなると、水産業者がせっかくコストをかけてマグロを漁獲しても、あまり儲けにはならなくなるかもしれません。その場合、水産業者たちの多くは、マグロ漁業から撤退していくでしょう。つまり、マグロの価格が低下していくと、やがてはマグロの供給量それ自体も減少していくのです。

このことは、マグロだけではなく、農産物についても、工業製品についてもいえます。たとえば、何らかの要因によって、椎茸の値段がどんどん下がってしまったとします。そうしたときには、農家の一部は、値段が下がってしまった椎茸を作るのはやめて、他の野菜を作ろうとするはずです。結果として、市場への椎茸の供給量は減少していきます。逆に、椎茸の値段が上がった場合には、多くの農家が椎茸の生産に参入してくるので、その供給量はやがては増加していきます。つまり、市場における「供給」は、価格が上がれば増加し、下がれば減少するというように、価格と同じ方向に動くということです。

他方で、市場における「需要」は、価格が上がれば減少し、下がれば増加するというように、価格と逆の方向に動きます。先のマグロのせりの例では、マグロの値段が安くなればなるほど、それを買おうとする仲卸業者が増え、高くなればそれが減少していました。そもそも、仲卸業者は、なぜそのように行動するのでしょうか。彼らは、単にマグロを転売して儲けようとしているだけにすぎません。そのことは、スーパーマーケットや魚屋でも同じです。こうした商売人たちは、単にマグロを売れればいいので、マグロそれ自体を欲しているわけではありません。マグロの最終的な需要者とは、要するに消費者です。

仲卸業者がなぜ、マグロの値段が安くなればその買付けを増やし、高くなれば減らすのかといえば、それは、マグロが安ければ消費者がその購入量を増やし、高ければ減らすからです。消費者がそのように行動することは、人々の購買行動を振り返ってみればよくわかると思います。たとえば、魚屋に行ってみると、「本日はマグロの大安売り」の日だったとします。堅実な主婦なら、「今日のおかずはハマチの刺身の予定だったけど、マグロにしよう」と考えるかもしれません。あるいは、居酒屋で飲み物を注文するとしましょう。そこで、生ビールの値段が一杯八〇〇円だったら高すぎるから一杯でやめておこうということになるけれども、「本日は特別サービスで一杯三〇〇円」だったとしたら、三杯いや四杯ということになるかもしれません。

つまり、市場における「需要」が価格と逆の方向に動くのは、究極的には消費者がそのように行動するからです。そして、前章で説明したように、消費者がそうするのは、それが消費者にとって望ましいことだからです。要するに、同じ金額のお金を使うのなら、安くなったものの購入を増やしたほうが、より多くの満足が得られるということです。

需要と供給の均衡

以上で、財貨・サービスの「供給」と「需要」の背後には、究極的には「生産者」と「消費者」が存在すること、そして、その双方は、市場における価格に依存して「供給量」と「需要量」を変化させることが明らかになりました。

次ページの図表3-2は、これらのことを、縦軸に価格、横軸に需要量および供給量をとった図によって示したものです。そこには、「需要曲線」と「供給曲線」という二本の線が描かれています。需要曲線が右下がりになっているのは、上述のように、消費者は価格が安くなれば需要を増やし、高くなれば減らすからです。他方で、供給曲線が右上がりになっているのは、企業は価格が高くなれば供給を増やし、安くなれば減らすからです。

このように、需要曲線が右下がり、供給曲線が右上がりであるかぎり、その交点は一つだけしかありません。それが、需要と供給が均衡する点、すなわち市場の「均衡点」です。その均衡点における価格を「均衡価格」と呼びます。

既述のように、マグロ、株式、外貨などの「せり市場」では、その需要量と供給量は、

図表3-2　需要と供給の均衡

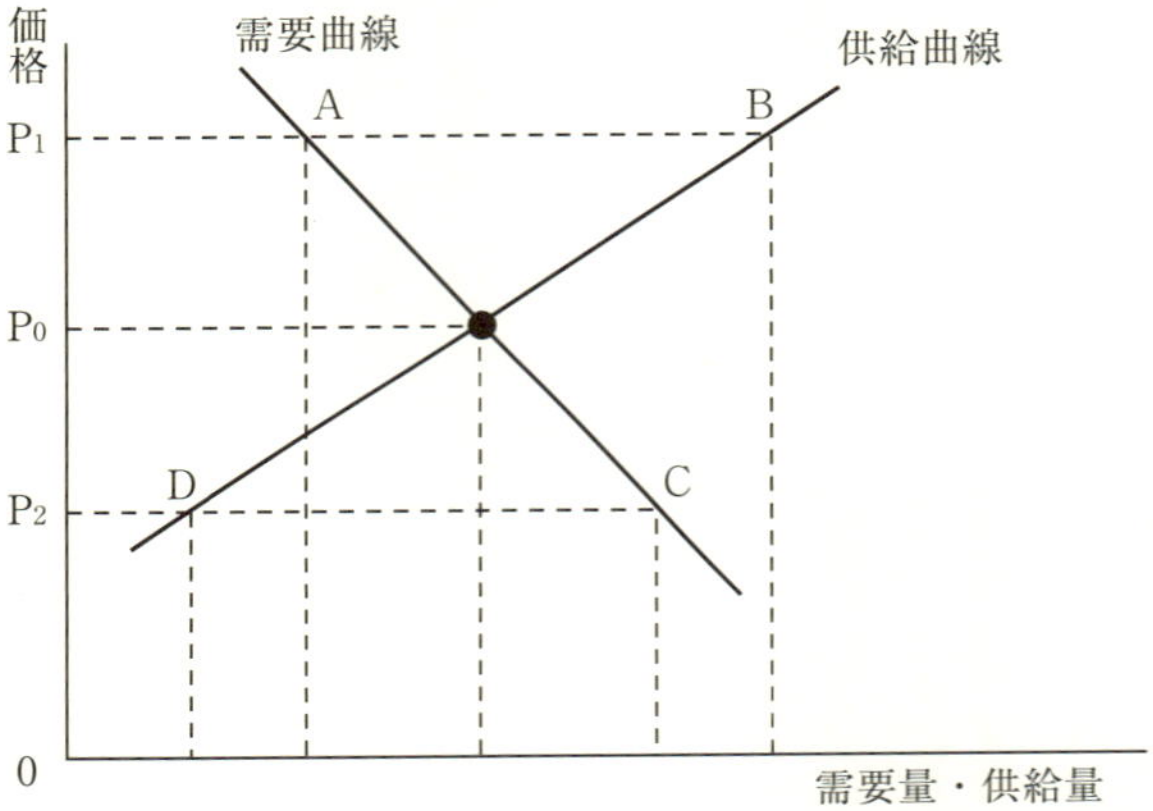

価格の調整によってスムーズに一致します。これほどまでスムーズではないにしても、多くの財貨・サービスの市場でも、長い目でみればこうした調整が働きます。つまり、価格が均衡価格にまで動いていくことによって、需要量と供給量を一致させるようなメカニズムが働きます。

なぜそうなるのかを知るために、「市場での価格が均衡価格よりも高かった場合には何が起きるのか」を考えてみましょう。たとえば、図表3－2で、市場の価格がP_1であったとします。このときの需要量はAで、供給量はBです。つまり、供給量が需要量を、B－Aの分だけ上回っています。このB－Aの分を、「超過供給」と呼びます。この超過供給とは、その財貨・サービスがその分だけ「売れ残っている」と考えればいいでしょう。ものが売れ残っていれば、その値段は下がっていくのが普通です。それがどこまで下がるのかといえば、それは均衡価格＝P_0までです。というのは、そこでは超過供給＝売れ残りはゼロになっていますから、価格をそれ以上は下げる必要がないからです。

市場での価格が均衡価格よりも低かった場合には、その逆が起きます。市場の価格がP_2のときには、需要量はCで、供給量はDになります。ここでは、需要量が供給量を、C－Dの分だけ上回っています。これを、「超過需要」と呼びます。超過需要とは、その財貨・サービスが、その分だけ足りないことを意味します。たとえば、サッカーや野球のチケットが入手困難で、「行列」をしないと買うことができないような状況です。このようなときには、その財貨・サービスの値段は上がっていく傾向を持ちます。実際、行列をしないと買えないようなものには、割増金＝プレミアムがついたりします。その、市場での実勢の価格がどこまで上がるのかといえば、それはやはり、超過需要がゼロになるような均衡価格＝P_0までです。

つまり、財貨やサービスの生産と消費を媒介する市場の多くにおいては、「価格の変化によって供給を需要に一致させる」という市場のメカニズムが、やはり働いているということです。その働きは、基本的には「せり市場」のそれとまったく同じです。

もちろん、現実には、市場のスムーズな働きを妨げるような要因が数多く存在していますから、「均衡価格」が常に実現されているわけではありません。実際、現実の市場においては、ものが売れ残ってムダになることもあれば、行列をしなければならないこともあります。しかし、市場には本来、そのような効率の悪い状態を自然に解消するような機能が備わっています。そのことだけは、いくら強調してもしすぎることはありません。それを知っておくことは、市場によって解決できるものとできないものを正しく認識するうえで、きわめて重要です。

経済学のジョークに、「『需要と供給』を繰り返すだけならオウムでも経済学者になれる」というものがあります。このジョークは、経済学者が二言目には「需要と供給」ということを皮肉ったものですが、それは裏を返せば、この概念がいかに重要かを示しています。少なくとも、これさえ正しく理解しておけば、いろいろな経済問題の理解がきわめて容易になることだけは、間違いありません。

労働市場における需要と供給の調整

もう一度、「家計と企業を含む経済循環」を示した、前章の図表2-7（60ページ）を見てみましょう。そこには、これまで説明してきた「財貨・サービス市場」のほかに、「労働市場」と「資本市場」が描かれています。実は、財貨・サービス市場、あるいは株式市場や外国為替市場だけではなく、労働市場や資本市場もまた、「市場」としての需給調整機能を果たしています。

労働市場とは、労働の需要と供給を調整する市場です。その労働の価格とは、「賃金」です。前章で説明したように、家計は企業に労働を提供しています。逆にいえば、企業は家計から労働を調達しています。その調達の仕方には、いろいろな形態があります。その年その年ごとに新卒の新入社員を募集するというのが、最も一般的でしょう。しかし最近は、正規の社員はあまり採らずに、もっぱら「派遣社員」ばかりに頼っている会社も増えています。コンビニなどのように、店員の大半はアルバイトという業種もあります。

たとえば、企業がアルバイトを集めたいというときには、どうするでしょうか。求人雑誌に広告を出して、年齢制限や経験の有無、時給や勤務条件といった情報を告知するというのが、最も一般的なやり方でしょう。この企業による求人とは、労働の「需要」になります。それに対して、その条件によって働きたい人の数は、労働の「供給」です。

「ビラ配りのアルバイトの市場」というのを考えてみましょう。仮に、このアルバイトの時給が高ければ、多くの若者たちがそれに応募してくるはずです。時給が低ければ、応募者は減るでしょう。つまり、アルバイト労働の「供給曲線」は、財貨・サービスの供給曲線と同様に、右上がりになります。しかし、企業の立場からみれば、時給が安ければアルバイトを使ってどんどん宣伝しようということになるけれども、それが高ければなかなかアルバイトを増やすわけにはいかないでしょう。したがって、労働の「需要曲線」は、右下がりになります。

このことは、図表3－2の「需要・供給分析」が、縦軸の「価格」を「賃金」に変更するだけで、基本的にはそのまま成り立つことを意味しています。つまり、「きわめて長い目」で見れば、賃金は労働の需要と供給を均衡させる水準に落ち着いていくということです。

ただし、ここには一つ注意すべき問題があります。それは、「賃金は簡単には変更できない」という点です。もちろん、アルバイトの時給のようなものなら、変更は比較的容易でしょう。しかし、正社員の給料ともなると、そうはいきません。少なくとも、下げるのは簡単ではありません。これを、「賃金の下方硬直性」と呼びます。

このように、賃金がなかなか下がらないときには、現実の賃金が均衡賃金よりも高い、図表3－2のP_1のような状態が、長い期間にわたって続く可能性があります。図表3－2のB－Aは、供給量が需要量よりも多い分、すなわち「超過供給」を表していました。それは、労働市場についてもあてはまります。労働の超過供給とは、「失業」にほかなりません。つまり、失業とは、「賃金の下方硬直性」と密接に結びついた現象なのです。

このように、労働市場には一般に、市場のスムーズな調整機能を妨げるような要因が数多く存在しています。しかし、「長い目」で見たときには、さまざまな職種の賃金ないし収入は、やはり市場の需要と供給によって決まっていると考えることができます。そのことは、経済全般ではなく、個別の職種の労働需給を考えるときには、とりわけ明白です。

たとえば、日本では、医者や弁護士のような職種の収入は、他の職種の平均収入と比較すると、相当に高いことが知られています。たとえ大病院の雇われ医者でも、お医者さんの給料は非常に高いのが普通です。それは、弁護士事務所に雇われている弁護士でも同様です。また、あまり人のやりたがらない危険な仕事、ダーティーな仕事も、収入が高いのが普通です。これは、医者や弁護士の場合には「資格制限」によって、危険でダーティーな仕事の場合には「人々の忌避」によって、その労働の供給量が少なくなっているからです。その証拠に、アメリカのように弁護士がたくさんいる国では、その収入は日本ほど高くはありません。日本でも、もしこれから「弁護士資格」の要件が緩和されれば、弁護士の収入は確実に低下していくでしょう。

それとは逆に、普通の人なら誰でもやれるような、たとえば皿洗いのアルバイトとか喫茶店のウェートレスになると、その賃金＝収入はかなり低くなります。それは、誰でもやれるという結果として、その供給が多くなっているからです。

つまり、労働市場においても、価格調整のメカニズムは、ある程度までは作用しているということです。そして、その中で、労働という生産要素の価格である賃金が決まっているということです。

資本市場における需要と供給の調整

図表3-2の需要・供給分析は、資本市場に関しても、まったく同様に適用することができます。

前章で説明したように、資本市場というのは、「お金の貸し借り」のための市場です。お金の貸し手は、通常は家計です。家計は貯蓄をするものだからです。しかし、図表2-7（60ページ）には描かれていませんが、企業も余裕資金を貯蓄しています。それはやはり、資金の供給になります。

他方で、お金の主な借り手は、もちろん企業です。しかし、家計もしばしば、住宅ローン、自動車ローン、消費ローンなどのかたちで、金融機関からお金を借ります。図表2-7で、資本市場から家計への流れ（資金の借入れ）が描かれているのは、そのためです。

すでに述べたように、需要と供給の調整は、財貨・サービス市場では価格の調整によって、労働市場では賃金の調整によって行われていました。それは資本市場では、「金利」の調整によって行われています。

金利というのは、お金を貸したり借りたりするときの「借り賃」であり、その「値段」です。通常、お金を貸したり借りたりするときには、六ヵ月とか一年というように、その期限が決まっています。その期限の間に、元本に対して何パーセントの割増金を支払うのか、あるいは受け取るのかというのが、金利です。

ところで、そもそも人々がなぜ消費ではなく貯蓄をするのかといえば、それは将来に備えるためです。つまり、金利とは、現在の消費を我慢して貯蓄することへの「ご褒美《ほうび》」と考えることができます。したがって、もし人々が、このご褒美としての金利が高ければ高いほど消費を減らして貯蓄を増やすのだとすれば、図表3-2の供給曲線と同様、「資金の供給曲線」は右上がりになります。

他方で、企業や家計は、設備投資をしたり住宅ローンを組んだりするときには、お金を借りなければなりません。そして、期限がきたら、元本を金利とともに返済しなければなりません。一般には、企業や家計の資金需要は、金利が高ければ減少し、低ければ増加します。したがって、「資金の需要曲線」は、やはり図表3-2の需要曲線と同様に、右下がりになります。

以上から、図表3-2の縦軸に金利をとれば、資本市場に関しても需要・供給分析が適用できることが明らかになりました。そこでは、金利の調整によって、資金の需要＝投資と、資金の供給＝貯蓄が調整されることになります。このような、貯蓄と投資を一致させるような金利の水準を、「均衡金利」と呼びます。

ところで、労働市場について、経済全般の問題と、医者や弁護士といった特定の職種の問題を区別して考える必要があったように、資本市場に関しても、マクロ経済全般の問題と、個別市場の問題は区別する必要があります。

たとえば、「消費者金融」いわゆるサラ金の市場を考えてみましょう。消費者金融とは、文字どおり、一般消費者を相手にお金を貸している業種です。一般に、サラ金の金利は、銀行からの融資などと比較すると、きわめて高いことが知られています。それは、サラ金からお金を借りなければならないような人々にお金を貸すのは、きわめてリスクが高い行為だからです。もし、夜逃げをされたり、あるいは自己破産をされたりしたら、金利だけではなく元本も返ってこない可能性があります。したがって、このような人々への「資金の供給」は、よほどの「見返り」がなければ実行できません。その見返りこそが、「通常以上に高い金利」なのです。その金利の割増分は、「リスク・プレミアム」と呼ばれています。

金利というのは一般に、借り手の貸倒れリスクが高ければ高く、逆に借り手の信用度が高ければ低いことが知られています。それは、個別の資本市場においては、このような資金供給を通じて、借り手のリスクに応じた適切な金利水準が、ごく自然に形成されていくからです。

市場の役割——資源配分と財貨・サービスの分配

われわれは結局、財貨・サービスや生産要素の取引を、基本的にはすべて市場を通じて行っているのです。それは、「何を作るのか」、「誰のために作るのか」という二つの問題の決定を、すべて市場に委ねているということを意味します。経済学的にいえば、この「何を作るのか」という問題は「資源配分問題」であり、「誰のために作るのか」という問題は「所得分配問題」ということになります。

前章の冒頭にでてきた「ロビンソン・クルーソーの経済」では、ロビンソン・クルーソーはもっぱら自分のためだけに、自分にとって最も必要なものを作っていました。しかし、多数の人々からなる「社会」では、この二つの問題をどう調整するかが、きわめて重要になってきます。

市場というものが存在しなかった原始的な社会では、「村の長老」のような権威者が、人々に適切な仕事を割り当て、その成果である財貨を徴収し、それをさらに人々に分配していたのかもしれません。実際、それに近いような社会は、現在でも地球上の一部には存在しています。しかし、われわれの市場社会では、その問題は、特定の個人の意志によってではなく、市場という非人為的なメカニズムを通じて解決されています。

たとえば、労働市場を考えてみましょう。労働は、生産要素の一つです。すなわち、生産活動にとって最も基本的な資源の一つです。しかし、社会全体での労働の供給量には制限があります。日本の人口は一億二千万人強ですが、労働人口はその中で六千五百万人程度です。もし市場というものが存在しなかったとすれば、為政者は常に、この六千五百万人のそれぞれに何を作らせるのかを考えなければなりません。コメの生産、衣服の生産、靴の生産等々に、それぞれ何人を割り当てるのかを考えなければなりません。しかし、市場経済では、この労働資源の配分問題は、すべて市場が解決してくれます。というのは、そこでは、人々が必要なものは企業によって生産され、その企業は労働市場を通じて必要な労働を調達することができるからです。これが、市場が資源配分問題を解決するということの意味です。

次は、所得分配問題です。ところで、世の中には、分配問題に悩む必要が特にないものもあります。それは、空気のように、ほぼ無限に存在しているものです。無限に存在するものは、お金をだして売買する必要がありません。日本の場合には、水が豊富にありますので、それは無限ではありませんが、きわめて安価に手に入ります。ところが、砂漠に行けば、水というのは非常な貴重品です。したがって、それを手に入れるためには、お金を支払わなければなりません。このように、有限なものに関しては、それを社会にどう分配するのかという問題が常に発生することになります。

所得分配問題とは、社会が生産した財貨・サービスを、その社会の構成員にどう配分するのかという問題です。昔の不平等な封建社会であれば、一部の特権階級が社会の生産した財やサービスのほとんどを享受し、その下の貧乏な階級は、自らが生産した財やサービスの大部分を特権階級から搾取《さくしゅ》されているというような状態だったと思います。それに対して、現代の社会では、身分や階級によって財の分配に差別があるということは、基本的にはありません。市場社会では、そのこともまた、市場を通じて決まっています。

市場社会では、たとえばイチロー選手のように高い所得を得ている人は、所得が高いということそれ自体によって、社会で生産された財やサービスの多くの部分を享受できる権利を持つことになります。それは、医者や弁護士のような「高所得者層」の場合でも同じです。その逆に、まだ手に何の職も持っていない若者や、十分な労働の能力を持たない社会的弱者などは、どうしても所得が低くなりがちです。その人々の所得が低いということは、社会で生産された財やサービスのきわめて小さな部分しか享受できないということを意味します。

結局、市場社会では、人々が得られる所得は、自分の労働能力が労働市場でどれだけの値段で売れるのかに依存して決まるのです。イチロー選手の所得の高さとは、イチロー選手の希有な才能の「市場価値」がきわめて高いことを意味しています。所得が低い人の場合には、その逆です。そして、市場社会は、そのような豊かな人々あるいは貧しい人々の支出にうまく適するように、さまざまな財やサービスを供給するのです。

「神の見えざる手」とは何か

重要なのは、市場社会は、こうしたすべての事柄を、「誰の命令にもよらずに」行っているということです。つまり、人々が必要としている財やサービスが、「村の長老」や為政者の意向などとは無関係に、市場の持つメカニズムのみによって供給されるということです。そのようなことがなぜ可能になるのかを理解するカギは、前章で説明した「企業の利潤最大化行動」にあります。

企業は、利潤を獲得するためには、人々が買ってくれるものを作らなければなりません。これは、為政者が命じているからではありません。そうではなく、そうしないと利潤が得られず、場合によっては赤字になって倒産してしまうからです。

もちろん、見込み違いというときもあります。こういうものが売れると思って作ったのだけれども、思っていたよりも売れず、事業が赤字になってしまったなどということです。こうした経験は、どのような企業にもあるはずです。しかし、こういった見込み違いばかりを続けている企業は、赤字が積み重なり、やがては倒産していくでしょう。結局、企業はどのような場合でも、より収益を上げるためには、常に人々が必要としている財やサービスを作りつづけなければならないのです。

これを逆から見れば、市場が適切に機能しているかぎり、人々が必要としている財貨・サービスは、必ず企業によって生産＝供給されるということです。それがどうしてかを知るために、人々が必要としている財を、企業がもし作っていなければどうなるかを考えてみましょう。その場合、市場においては、その財の供給不足が生じ、価格はどんどんつり上がっていくでしょう。企業は、価格が上がった財を作れば、必ず儲かるはずです。したがって、それをたくさん作ろうとします。今までそれを作っていなかった企業も、その分野に参入してきます。結果として、その財の供給は増えていくことになります。

このように、市場には、人々が欲していない財やサービスの生産は自然に縮小し、逆に人々が欲している財やサービスの生産は拡大していくという、「自動調節機能」があります。これは、誰が命令しなくとも、企業が利潤最大化に基づいて行動しているかぎり、必ずそうなります。これが、経済学の祖であるアダム・スミスのいう「神の見えざる手」です。

この市場の自動調節機能とは、社会全体の希少な資源が、人々が必要としていない財貨・サービスの生産から、必要とされている財貨・サービスの生産に再配分されているということです。労働、資本、土地などの生産要素は、無限に存在するわけではありません。その希少な生産要素が、人々が欲していない財やサービスの生産に用いられてしまったら、社会的には大いに損失です。それがもし、より有用な財貨・サービスの生産に用いられていれば、社会全体の実質的な豊かさはより増していたはずです。市場の自動調節機能とは、市場にはまさしく、そのようなムダな状態を自動的に解消し、社会全体をより豊かにさせるメカニズムが備わっていることを示しています。アダム・スミスが「神の見えざる手」と形容したのは、市場の持つそのメカニズムです。

市場経済というのは、価格の調整を通じて社会全体の有限な資源がうまく配分されていくという経済制度です。重要なのは、その「社会的に望ましい帰結」が、誰が命令することもなく、それぞれの経済主体が利己的な行動をする結果として導かれるという点です。市場というものが、いかに巧妙かつ神秘的なシステムであるのかがわかるでしょう。

市場経済の宿命――分配と所有の不平等

もちろん、市場というのは、決して万能ではありません。市場だけでは解決できない問題も、数多く存在しています。のちの章で説明するように、われわれの経済は、だからこそ政府を必要としているのです。

たとえば、市場経済の宿命ともいえる問題点の一つは、「所得分配の不平等性」です。上述のように、市場経済においては、人々の所得は、自分の労働が市場でどのように評価されるのかによって決まります。したがって、そこには必ず、所得の不平等が生じます。イチロー選手のような高額所得者がいる一方で、何らかのハンデを負っている社会的弱者などは、非常に低い所得しか得られない場合が多いのが現実です。

市場経済はさらに、こうした所得の不平等の結果として、「所有の不平等」がもたらされます。すなわち、土地財産や資産を膨大に所有する人々もいれば、何の資産も持っていない人々がいるということです。

そもそも、市場経済の前提は、労働、土地、資本などの生産要素の「所有権」が明確になっているというところにあります。所有権とは、それらの生産資源を、自らの思うとおりに利用したり、あるいは処分したりする（他人に売却する）権利です。たとえば、労働者は、他人に強制されることなく、働いたり働くのをやめたりする権利を持っています。土地の所有者は、他人の不利益にならないかぎり、自分の土地を自由に用いることができ、あるいは売却することができます。資本の所有者、すなわち株主は、それを自由に売却できます。これが、市場経済の大前提です。

ところが、市場社会以前の封建社会では、生産資源の所有権は、必ずしも明確になっているわけではありませんでした。たとえば、日本のかつての村社会には、村の人々が共同で利用する「入会地《いりあいち》」というものがありました。そして、この入会地を村人たちがどう利用するかは、伝統的な「村の掟」などで決められていました。村社会というのは、共同体全体でうまく助け合いながらやっていくという社会です。そのような社会では、勝手な利己主義的行動は許されません。というのは、個人がそのように行動していった場合には、村の存立自体が危うくなるからです。したがって、個人が入会地を利用する場合にも、自ずと自己規制が働いたのです。

しかし、このような「入会地」は、個々人が利己主義的に行動することを許されている現代の市場社会では、なかなかうまく維持していくことはできません。所有権が明確になっていない入会地で、人々が勝手に行動すると、どのような弊害がもたらされるのかは、昔から「入会地の悲劇」として知られています。

たとえば、貴重な松茸を数多く産出する山林の入会地があったとします。村社会が存在していたときには、おそらくそこには、松茸の乱獲を防ぐような「村の掟」があったはずです。というのは、誰かが松茸をどんどん採ってしまえば、松茸がまったく採れなくなり、村全体が損をするからです。しかし、こうした「村の掟」がなくなってしまえば、人々は必ず、われ先に松茸を採りはじめるはずです。というのは、自分が採らずに他人に採られてしまった場合には、自分にとっては何の得にもならないからです。結果として、人々のそうした行動は、乱獲による貴重な松茸資源の消失という大きな損失を、社会全体にもたらします。

つまり、この「入会地」のケースでは、人々の利己主義的な行動が、社会全体に利益ではなく損失をもたらしています。そのような弊害が生じるのは、入会地の所有権が明確になっていないからです。というのは、もしその入会地がある人の所有地であったならば、その所有者はそのような乱獲を決して許さないはずだからです。松茸を一度にたくさん採ってしまうと、その時には儲かったとしても、長い目でみれば損をします。したがって、合理的な土地所有者は、長期的に一番儲かるようなかたちで、松茸の収穫量を調整していくはずです。そのようにして、松茸が長い期間にわたって収穫できるということは、その土地の所有者にとってだけではなく、社会全体にとっても利益なのです。

以上から、市場経済における人々の利己主義的な行動が、同時に社会全体に望ましい帰結をもたらすためには、明確な所有権が必要だということが明らかになりました。生産活動に用いられる資源の所有権が明確であり、そこから得られる収入が自分のものになることがはっきりしているからこそ、その資源を効率的に利用しようとするインセンティブ（誘因）が生まれるのです。所有権の明確でないものがムダに使われがちであることは、「公費」の使われ方などを思い起こしてみても明らかでしょう。

もちろん、だからといって、資源のすべてを公有ではなく私有にしたほうがよいわけではありません。たとえば、「海」のように、貴重な資源でありながら、私有が事実上不可能なものも存在しています。海洋資源の利用に厳しい規制が必要なのは、まさしく海の私有が不可能だからです。

結論的にいえば、資源の所有権を明確にするということは、市場経済において資源配分が適正化されるための、一つの重要な前提条件です。しかし、当然ながら、その反面には持てる者と持たざる者が出てきます。すなわち、土地や資本をたくさん所有している人が存在する一方で、それらをまったく持っていない人もいるということです。所有権というものがいったん認められれば、そのような不平等の発生は不可避です。つまり、市場社会であるかぎり、この所得と富の不平等は、ある程度までは許容するしかないということです。

社会主義経済の特質

ところで、市場経済とは異なる「分配と所有の不平等が存在しない社会」というものを考えることはできないでしょうか。そのような社会は、少なくとも倫理的には、市場社会よりも望ましい社会とはいえないでしょうか。

実は、「分配と所有の不平等が存在しない社会」という考え方は、市場経済へのアンチ・テーゼとして、きわめて古くから存在しています。そして、その理念に基づいた経済社会というものが、実際に数多く存在していました。それは、数は少なくなったとはいえ、現在でも存在しています。その経済とは、社会主義経済です。

社会主義経済は、まず所有の不平等をなくすことから出発します。それは、資本や土地などの基本的な生産手段の私的所有を廃棄し、それを公的な所有に転換するということです。したがって、農場は国有農場になり、企業は国有企業になります。そのうえで、人々の所得をなるべく平等にしようとするのが、社会主義経済です。

社会主義経済のもう一つの特徴は、資源配分に関する市場の調整機能を否定し、資源配分をすべて政府の計画に基づく指令によって行うということです。社会主義経済のことを、

「計画経済」とか「指令経済」とも呼ぶのは、そのためです。つまり、市場経済が資源配分を「神の見えざる手」によって行うのだとすれば、社会主義経済はそれを「政府の見える手」によって行うのです。

かつての最大の社会主義国は、ソビエト連邦、いわゆるソ連でした。現在のロシアです。ソ連には、「ゴスプラン」と呼ばれる計画が策定されていました。ソ連では、社会全体で必要とされる財貨・サービスの量をコンピュータで全部計算して、今年は鉄は何万トン作る、靴は何万足作るというふうに、政府が最初から計画を立ててしまっていたのです。その計画が、ゴスプランです。

ソ連ではもちろん、企業は基本的に国有企業です。国有企業には、利潤動機がありません。したがって、ソ連政府の計画当局は、ゴスプランの生産計画を、この企業はこれだけ、あの企業にはこれだけというふうに、各企業にすべてノルマとして割り当てます。そして、そのようにして生産された財貨・サービスを、人々に販売するのです。それを人々は、国営商店などで購入するのです。この販売や購入は、一応は「市場」を通じて行われますが、その市場は、市場本来の調整機能をまったく持っていません。というのは、資源配分はすべて、政府が計画で決めているからです。

社会主義経済はなぜ失敗したのか

現在の世界には、本来の社会主義といえるような社会主義経済は、ほとんど存在していません。現存の最大の社会主義国は中国ですが、中国は実態としてはもはや市場経済といっていいでしょう。しかし、少なくとも二十年前には、世界には多くの社会主義国が存在していました。それが、八〇年代末から九〇年代初頭において生じたソ連圏の崩壊と、その後のロシアや東欧諸国の市場経済化によって、様相がまったく変わり、社会主義の存在それ自体がきわめてまれになってしまったのです。

社会主義経済は、なぜこのようにあっけなく崩壊したのでしょうか。その根本原因は、市場経済と比較した社会主義経済の「効率の悪さ」＝生産能力の低さにあります。いくら「分配と所有の不平等が存在しない社会」であっても、人々はやはり貧しいのはいやなのです。多少は不平等でも、豊かな社会のほうがいいということです。

ソ連はかつて、世界最大の靴の生産国でした。しかし、そこで生産されている平均的な靴の品質は、二〜三週間履いただけでだめになってしまうような劣悪なものでした。したがって、国中の倉庫には、売り物にならない靴の山が積まれていました。逆に、パンなどの基本的な食料品は常に不足しており、人々はそれをいつも並んで買わなければなりませんでした。

これらは基本的に、財貨・サービスの供給をすべてノルマに基づいて行う計画経済特有の弊害といえます。市場経済では、こうした状況が、短期的にはともかく、永続的に続くことはありえません。というのは、売り物にならない靴を生産しつづけるような企業は、すぐにでも倒産してしまうはずだからです。また、人々がパンを欲しているのであれば、多くの企業が先を争ってパンを生産するだろうからです。

しかし、社会主義経済の最大の問題点は、計画経済よりもむしろ、「分配と所有の不平等が存在しない社会」を標榜することによって、経済の効率性を改善しようとする人々のインセンティブを阻害してしまったというところにあります。仕事をいくらがんばってもがんばらなくても所得はまったく変わらず、ただノルマをこなしていけばよいような経済には、進歩が生じる可能性はほとんどありません。社会主義経済が停滞したのは、そのためです。

ノルマというのは、ただやっつけ仕事をすればよいということです。日本にも、「お役所仕事」という言葉があります。たとえば、お役所というのは、五時になるとピッタリと窓口が閉まってしまいます。それは、給料が変わらないのであれば、なるべく労働時間を短くしたほうが得だからです。それは、お役所に勤める人にとっては、きわめて合理的な行動なのです。

社会主義経済というのはいわば、労働者のすべてが、そのような「お役所仕事」をしている経済です。ノルマが決まっているだけですから、人々は必ず手抜きをしようと考えます。いかにサボるのかを考えるわけです。それで、隠れてウォッカを飲んでいます。結局、単に数のノルマをクリアーしただけで、どうしようもない品質の悪いものばかりが生産されてしまうことになります。

たしかに、所得の不平等がない社会というのは、一つの理想の社会なのかもしれません。しかし、所得が平等ということは、いくらがんばっても報われない社会ということでもあります。報われる可能性があってはじめてがんばろうという気もおきるのが、人間というものでしょう。人々がサボることだけを考えているような経済は、停滞する以外にはありません。社会主義経済が市場経済に移行していったのは、その意味では必然的であったように思われます。

第4章 企業と金融

資本主義としての市場経済

われわれの市場経済では、生産の単位は企業で、消費の単位は家計です。企業とは、民間の経済主体が利潤を目的として設立した組織です。もちろん、必ずしも利益を目的としない国営企業も存在しています。社会主義経済では、財貨・サービスの生産の多くは国営企業が行っていました。しかし、現存する最大の社会主義国である中国でも、国営企業はまだ残っていますが、株式会社への移行が急速に進展しています。

一口に法人企業といっても、いくつかの種類があります。現代の資本主義社会では、株式会社という形態が最も一般的です。企業というのは、財やサービスを生産する主体ですが、そのためには、労働、土地、資本設備などの生産要素が必要です。そして、それを調達するためには、資金が必要です。どのような会社を興すのでも、オフィスなど、最低限必要なものがあります。それを準備するための資金は、「資本金」と呼ばれます。

株式会社という制度のもとにおいては、企業家は、この資本金を、「株式」を発行することによって調達します。株式とは、一株いくらと額面で値段が決まっている証書です。企業を最初に興す場合は、自分の蓄えをつぎこんだり、親類縁者や知り合いに株式を買ってもらってお金を提供してもらうというのが一般的でしょう。もっとも最近では、もっぱらベンチャー・ビジネスへの資金供給をしている「ベンチャー・キャピタル」と呼ばれる融資機関もあります。いずれにせよ、企業家は、事業へのスポンサーを見つけ出して、お金を出資してもらい、その資本金によって設備投資をし、それによって生産活動を始めるのです。

しかし、会社がどんどん大きくなっていきますと、設備投資をして生産能力を拡大したいとか、人をさらに雇って事業を拡大したいということになります。そのようなときには、当然ながら、より多くの資金が必要になります。もちろん、企業が収益の一部を投資にまわすこともできます。しかし、それだけでは追いつかないという場合もあります。もう少し資金さえあれば、せっかく売上げの拡大が見込めるのにというときには、どうしたらよいのでしょうか。

企業が資金をさらに調達する方法には、大きく分けて二つあります。一つは、「直接金融」です。直接金融とは、企業が必要な資金を、お金を持っている人から直接に調達することです。たとえば、新たに株式を発行して、それを買ってもらいます。あるいは、企業の借金である「社債」を発行します。これは、資金の出し手が自らが企業の成長可能性やリスクを見定めてお金を出しているわけですから、直接金融といいます。

どのような企業にも、成長していく可能性もあれば、事業に失敗して倒産してしまう可能性があります。もし企業が倒産してしまえば、その企業に貸したお金は、おそらくすべては戻ってこないでしょう。企業に対する融資には、常にこうした「リスク」が伴います。直接金融とは、そのリスクを、資金の出し手が直接に負うということです。

企業による資金調達のもう一つの方法は、「間接金融」です。これは、企業が必要な資金を銀行から借りることです。銀行は、家計から、預金を集めています。銀行は、企業の成長可能性やリスクを見定めたうえで、この預金として集めた資金を企業に貸し出します。これは、企業への融資に伴うリスクを、資金の出し手である家計が負うのではなく、銀行が負っていることを意味します。これを、間接金融といいます。

以上からもわかるように、「お金を借りる」ということは、市場経済で生産活動を行う企業にとっては、きわめて本質的な行為です。市場経済が同時に、「資本に基づく経済」すなわち資本主義経済であるのは、まさしくそのためです。

企業のバランスシート

これまで説明してきたように、企業は常に、お金を借りつつ事業を行っています。つまり、企業は必ず「負債」を抱えています。本来的には、株式の発行によって調達した「資本金」も、社債の発行で得た資金や、銀行からの借金と同様に、企業にとっては負債です。

ただし、普通の借金と違うのは、企業が株式の発行によって得た資金は、企業が存続しているかぎりにおいては永久に返す必要がないということです。したがって一般に、この資本の部分は、返す必要のある借金の部分＝狭義の負債と区別されています。

企業は他方で、そのようにして調達した資金を用いて、生産活動に必要な土地や資本設備などを購入します。これは、企業にとっては「資産」です。つまり、企業は常に、資本も含めた広義の負債に見合った資産を持っているということです。この負債と資産を一覧表にしたものは、「貸借対照表」（バランスシート）といいます。

次ページの図表4－1は、ある事業会社の実際の貸借対照表です。この表の右側は、「負債の部」と「資本の部」からなっています。これは、広い意味での企業の借金です。それに対して、表の左側の「資産の部」には、この企業の保有する金融資産や実物資産がすべて網羅されています。

この図表4－1を見てわかるのは、バランスシートの右側の「負債・資本合計」と、その左側の「資産合計」の数字が、何円の単位までぴったり一致していることです。どうしてそうなるのでしょうか。企業が保有する資産の価値は、それをどう評価するのかは難しい問題ですが、一定のルールで評価されているかぎり、変えようがありません。また、返す必要のある企業の借金である負債の額も、債務免除でもしてもらうのでないかぎり、変

図表4-1　企業のバランスシート

貸借対照表　（単位：千円）

科目	金額	科目	金額
（資産の部）		（負債の部）	
流動資産	59,455,653	流動負債	47,814,605
現金及び預金	2,602,089	買掛金	20,169,502
受取手形	1,244,707	短期借入金	13,250,000
割賦手形	478,413	1年以内返済長期借入金	938,200
割賦未収金	27,368,287	未払金	65,942
売掛金	8,315,158	未払費用	1,955,523
商品	7,281,639	未払法人税等	686,747
前払費用	350,635	未払消費税等	409,429
繰延税金資産	780,101	繰延消費税等	1,102,401
未収入金	3,274,764	前受金	1,309,350
短期貸付金	19,433	預り金	1,587,404
関係会社貸付金	7,784,195	賞与引当金	1,980,000
その他流動資産	73,914	割賦未実現利益	4,360,104
貸倒引当金	△117,688	固定負債	20,679,967
固定資産	59,379,343	長期借入金	1,437,400
有形固定資産	33,185,955	繰延税金負債	2,700,201
建物	9,723,781	退職給付引当金	16,288,814
構築物	1,148,231	役員退職慰労引当金	253,552
機械装置	1,103,913		
車両運搬具	562,084	負債合計	68,494,573
工具・器具・備品	316,412	（資本の部）	
リース資産	3,538,561	資本金	2,917,800
土地	16,792,970	法定準備金	3,088,994
無形固定資産	327,160	資本準備金	2,359,544
ソフトウェア	92,382	利益準備金	729,450
権利金	234,778	剰余金	31,858,742
投資等	25,866,226	別途積立金	27,000,000
投資有価証券	24,301,520	当期未処分利益	4,858,742
出資金	1,170	（うち当期利益）	(2,690,854)
保証金	1,174,797	評価差額金	12,486,694
長期前払費用	23,306	自己株式	△11,807
その他投資	517,743		
貸倒引当金	△152,311	資本合計	50,340,423
資産合計	118,834,996	負債・資本合計	118,834,996

えようがありません。したがって、「負債・資本合計」と「資産合計」の金額がぴったり一致しているのは、「資本の部」によって調整されているからだということになります。

それでは、この「資本の部」は、どのようにして調整されるのでしょうか。それは、資本の部の中の「剰余金」と「評価差額金」によってです。

企業は当然ながら、事業活動を行うことによって利益をあげています。そして、その利益によって、株主への配当、役員への賞与、税金などを支払います。しかし、それでも利益が残ったとします。企業はその場合、その資金で、新たに設備を拡大するかもしれません。または、事業のための土地を購入するかもしれません。あるいは、今後に備えて現金や預金などの資産として蓄えておくかもしれません。いずれにしても、それは企業の新たな資産になります。それが、「資本の部」の「剰余金」です。つまり、剰余金とは、会社がこれまで事業を行って生み出した利益の累積額のことです。

ところで、企業の持つ「資産」とは、具体的には、土地や建物であり、現金や預金です。また、大きな企業になると、子会社などの株式を保有している場合があります。子会社を持たない企業でも、余剰資金の運用のために、株式その他の証券を持っているのが普通です。そうした実物資産や金融資産は、その価値が絶えず変化します。実際、バブルの崩壊後、日本の土地や株式の価値は、急激に下落しました。「資本の部」の「評価差額金」とは、その資産の評価額の変動分のことです。

このように、新たな資産が蓄積されたり、既存の資産の評価額が変動したりすれば、企業の資産と負債の差額である「資本」は、必ずその分だけ変動します。したがって、バランスシートの右側の「負債・資本合計」と左側の「資産合計」の数字は、常に等しくなるのです。

株式市場の役割

既述のように、事業を新たに始めようとする企業は、まず株式を発行して資金を集める必要があります。そして、商法では、企業は必ず、株主によって払い込まれた資金の一部を積み立てておかなくてはなりません。それが、図表4-1の「資本の部」に出てくる「資本準備金」です。ちなみに、その下の「利益準備金」というのは、やはり商法上で積立が強制されている、企業の利益の留保額です。この両者を合計したのが、「法定準備金」です。

つまり、「資本金」とは、株主が払い込んだ金額のうちで、法律によって積立が強制されている「資本準備金」を除いた部分です。新たな企業は、とりあえずはこの「資本金」を用いて、事業活動を開始することになります。

上記のように、企業が株式の発行によって調達した資金は、本来的には企業の借金です。しかし企業は、それが存続しているかぎり、その借金を返す必要がありません。にもかかわらず、なぜ人々が株式を買うのかといえば、それを自分以外の他の人々に売ることができるからです。企業は、自社の株式を保有している株主には、「配当」というかたちで利益を配分しなければなりません。したがって、株主は、配当を期待できるだけでなく、株式それ自体を売却することもできます。そのかぎりにおいては、企業は、株式の発行によって調達した資金を、永遠に返済する必要がないのです。

ただし、このようなことが成り立つためには、株主がいつでも株式を売却したり購入したりする市場が必要です。その市場こそが、株式市場です。

株式市場そのものの働きについては、すでに前章で説明しました。簡単に復習すれば、それは、さまざまな企業の株式の「せり」が行われている市場です。

家計は通常、将来に備えて資産を保有しています。それは、現金であったり、貯金であったり、株式であったりします。あるいは、投資信託にお金を預けているかもしれません。通常、家計が現在持っている株式を売りたい、あるいは何かの株式を買いたいというときには、証券会社に売買を依頼します。現在では、インターネットを通じて株式を売買できる「ネット証券」というものが数多く存在しています。これを使うと、証券会社の営業マンにいちいち注文を出さなくても、自分だけで株式の売買ができます。

ところで、株式というのは、資産のなかでもとりわけリスクが高い資産です。株価は、いろいろな思惑によって、常に変動しています。島津製作所の社員である田中耕一さんがノーベル化学賞を受賞したときに、それを好感して、島津製作所の株価は急上昇しました。逆に、雪印乳業や日本ハムが不祥事を起こしたときには、それらの株価は急激に下落しました。株価が何に反応して動くのかは、なかなか一筋縄ではいかないのですが、きわめて大雑把にいえば、人々が「この企業の利益はこれから増えていきそうだ」と考えれば、株価は上昇するといえます。企業の利益が増えれば、配当も増えることが予想されるからです。もちろん、逆の場合には、株価は下落します。このように株価が変動するということは、それに伴って、株式の売買差益（キャピタル・ゲイン）あるいは売買差損（キャピタル・ロス）が発生することを意味します。この売買差益・差損とは、株式を買ったときと売ったときの差額です。これが、株式を資産として保有する場合のリスクです。ちなみに、株式の配当それ自体は、預金や債券の金利などとともに、インカム・ゲインといいます。

このように、株式を保有するということは、大きな利益を期待できる反面、損をする可能性もあるということです。東京証券取引所では、第一部上場企業だけで一五〇〇社近くもの企業の株式が取引されています。そのどれを買うべきかを素人が判断するのは、そう簡単なことではありません。そのようなときの一つの手段は、株式売買の判断を、資産運用のプロに委託してしまうということです。それが、投資信託です。もっとも、資産運用のプロといっても、失敗はつきものです。そのときの損失は、もちろん投資家が負うことになります。

つまり、こうした個人投資家や、資産運用のプロであるファンド・マネージャーの注文が一気に集まってくるのが、株式市場です。市場には、それぞれの思惑が異なる、無数の投資家が存在しています。一方には「この企業の株価はこれから上がる」と考える投資家がおり、他方には「下がる」と考える投資家がいます。前者はその株を買おうとし、後者は売ろうとします。そして、株式の「せり」を通じた株価の調整によって、その「買い」と「売り」を常に一致させているのが、株式市場なのです。

株式市場の区分け

ところで、日本の代表的な株式市場である東京証券取引所には、「一部市場」、「二部市場」、「マザーズ」の三つがあります。このような区分けは、何のために存在しているのでしょうか。

上述のように、資産としての株式の保有には、大きなリスクが伴います。雪印乳業や日本ハムの事例が示しているように、その企業の経営上の過失が明らかになったりすれば、株主は大きな損失をこうむります。雪印乳業や日本ハムのような名の知られた大企業でさえこうですから、あまり名前の知られていない企業の中には、いいかげんな経営をしている企業、怪しげな企業がたくさんあります。投資家は、そのような企業の株式を買ってしまったら、あとで必ず痛い目にあうことになるでしょう。しかし、一般の投資家は、株式を買うときに、企業の経営状況をいちいちチェックするわけにはいきません。普通なら、そんな時間と労力をかけるくらいなら、株式を買うのをやめてしまうでしょう。それでは、きちんとした経営をしている企業の株式さえも売れなくなってしまいます。つまり、単に怪しげな企業だけではなく、真面目な企業も困ってしまいます。

そこで意味を持つのが、「株式公開」や「上場」です。ちなみに、「株式公開」とは、「新規上場」か「店頭登録」のいずれかを指します。「上場」とは、証券取引法に基づいて、証券取引所がその企業の株式を売買取引の対象として認めることです。そして、「店頭登録」とは、日本証券業協会に店頭売買銘柄として登録することです。「上場」のためには証券取引所の審査を、「店頭登録」のためには、日本証券業協会員である幹事証券会社の審査をクリアーする必要があります。

上述のように、東京証券取引所の場合には、単に上場といっても、一部、二部、マザーズの三つの市場があります。これは要するに、証券取引所の審査基準の違いを反映しています。企業が新規に上場しようとする場合、通常は二部市場に上場します。そして、二部上場後に一年以上経過し、発行株式数や株主数などが一定の基準を満たせば、一部市場に指定されます。ただし、一部上場銘柄でも、出来高や株主数が一定の基準以下になってしまった場合には、二部へ指定替えされます。もう一つのマザーズでは、ベンチャー企業が上場しやすいように、「株式会社としての設立経過年数」や「利益などの財務数値」などの基準が省かれています。

このように基準を設けて市場を区分けする意味は、「投資家がそれぞれの株式の持つリスクについておおよその見通しをつけることができる」というところにあります。マザーズよりは二部市場、二部市場よりは一部市場のほうが審査基準が厳しいのですから、その基準の厳しさによって、「怪しげな会社」はある程度までは排除されていると考えられます。そして、そのような評価が定着すれば、投資家は上場企業の株式ならば買っても安心と考えるでしょう。そうすれば、真面目な企業が怪しげな企業の割を食うこともなくなります。

もっとも、一部上場企業の株式だからといって、価格変動のリスクがなくなるわけはありません。また、本当にリスクが低いのなら、それほど高い収益の伸びは期待できないかもしれません。逆に、マザーズに上場されたばかりの企業の高リスクとは、高い収益性や成長性の裏返しかもしれません。要するに、ローリスク＝ローリターン、ハイリスク＝ハイリターンということです。

ちなみに、二〇〇二年十一月二十日現在、東京証券取引所に上場している企業の数は、一部市場が一四九六、二部市場が五七〇、マザーズが三八です。

銀行の役割とは何か

企業が家計から資金を調達するもう一つのルートは、間接金融です。すなわち、銀行を媒介とした資金の移転です。銀行は、家計から貯蓄を預かり、それを企業に融資しています。それが間接金融です。

銀行というのは、市場経済の中で、どのような役割を果たしているのでしょうか。その問題を考えるために、仮に銀行というものが社会に存在せず、家計から企業への資金の流れがすべて直接金融で行われた場合にはどうなるのかを考えてみましょう。

直接金融の手段には、株式だけではなく、社債があります。上述のように、株式とは、価格が絶えず変動する、きわめてリスクの高い資産です。それに対して、企業が元本の返済を約束した社債には、少なくとも満期まで持っていれば、そうしたリスクはありません。

とはいえ、そこにリスクがまったく存在しないわけではありません。というのは、企業には、常に倒産の可能性があるからです。企業が経営危機に陥ったり、倒産したりすれば、金利だけではなく元本さえ戻ってこなくなる可能性があります。それを、デフォルト（債務不履行）といいます。そして、そのリスクを、「信用リスク」あるいは「貸し倒れリスク」と言います。

そこで、直接金融しか存在しない世界を考えてみましょう。それは、家計が貯蓄という資産保有の手段を持たず、資産を現金か株式か社債で持つしかないという世界です。現金には利子もつきませんので、家計がなるべくキャピタル・ロスをこうむるリスクを避けつつ収益の得られる資産を持とうとすれば、社債を購入するしかありません。しかし、その社債にしても、信用リスクを免れることはできません。したがって、家計は、どのような企業の社債を買うにしても、この企業の経営は大丈夫なのかというリスクの評価を、すべて自分でしなければなりません。それはもちろん、株式を買う場合も同じです。このようなことは、一般の投資家にはなかなかできません。

銀行というものが必要な理由は、まさしくそこにあります。つまり、「この企業の経営は大丈夫なのかというリスクの評価」を家計に代行してやってくれるのが、銀行なのです。

家計は銀行に預金をします。銀行はその預かったお金を、企業に貸し付けます。そして、その貸し付けに対して金利を取ります。そして、その金利の一部を、預金金利として預金者に支払います。銀行の収益源とは、その貸出金利と預金金利の差額＝利鞘《りざや》にほかなりません。

ところが、上記のように、企業には常に倒産の可能性があります。貸し出し先の企業がもし倒産したら、銀行は大きな損失をこうむります。したがって、銀行は、貸し出し先の企業の経営状態を、常に監視していなければなりません。また、企業に新たに融資を行うときには、その経営状態を厳しく審査しなければなりません。それを怠った銀行は、貸し倒れによる損失の増加から、自らの経営状況を危うくすることになるでしょう。

したがって銀行は、損失をこうむらないようにするために、企業の信用リスクを厳しくチェックします。そして、このことは実は、銀行が家計を代行して、企業の信用リスクの評価を行っていることを意味します。つまり、この企業なら大丈夫だからお金を貸しましよう、この企業には貸すべきではないという判断を、家計に代わって行っているのです。企業の選別をしてくれているのです。銀行がそれをしていてくれるかぎり、家計は、個別企業の信用リスクを負うことなく、「銀行預金」という金利のつく安全資産を保有することができます。その意味では、銀行とは、家計から個別企業の信用リスクを切り離すバッファーのような存在と考えることができます。

以上のことから、銀行が最も必要としている能力とは、審査能力、すなわち融資先企業の信用リスクを正しく評価する能力であるということがわかります。つまり、銀行の最も重要な経営資源というのは審査能力なのです。銀行は、企業に融資をするに際しては、この企業はこういう経営状態だろうということについての正しい情報を持つ必要があります。その情報に応じて、適正な貸し出しをするというのが、銀行の役割です。これを、「銀行の情報生産機能」といいます。

この銀行の情報生産機能は、中小企業などに関しては、とりわけ重要です。大企業であれば、直接金融を通じて、すなわち株式や社債などを発行して資金を調達するのも、比較的に容易です。しかし、中小企業の場合には、自社の株式や社債を発行しても、市場ではなかなか受け入れられません。しかし、銀行に行けば、自社の経営状況への審査さえ厭《いと》わなければ、融資をしてもらえる可能性があります。株式市場に上場できるような大企業はごく一部であり、日本の企業の九九%以上が中小企業であることを考えれば、銀行の役割というのはやはり重要だということです。

不良債権問題とは何か

ところで、九〇年代初頭のバブルの崩壊後、日本の銀行の多くは、不良債権問題に悩まされつづけてきました。そして、それをどう解決すべきかについて、果てしもない議論が続けられてきました。何が問題だったのかについても、銀行の責任論、政策当局の責任論、マクロ経済政策の失敗論など、さまざまな見解があります。明らかなのは、銀行の不良債権が絶えず増加しつづけたということです。そして、いくつかの銀行がそれによって破綻したということです。ここでは、それがどのように起きたのかを考えてみます。

まずは、不良債権とは何か、それが拡大すると、なぜ銀行の破綻につながるのかを考えます。銀行といえども民間企業ですから、図表4-1と同様な構成の貸借対照表を持っています。ただし、メーカーなどとは異なって、銀行の負債の多くは、家計などからの「預金」からなっています。そして、銀行の資産の多くは、企業などへの「貸出」からなっています。資産の一部は、国債、社債、株式、外貨、外国債などでも運用されていますが、銀行の銀行たるゆえんは、やはりこの「貸出」にあります。

繰り返し述べたように、企業には常に倒産の可能性があります。銀行の貸し出し先が破綻や倒産などに陥った場合には、銀行が融資した貸出金や金利などが回収不能または回収困難になります。不良債権とは、そのようになってしまう可能性が高い債権のことです。

一般に、銀行の債権が回収不能になると、銀行の資産は減少します。銀行は通常、貸出を行う場合には、「担保」をとります。担保とは、債務者が債務の返済を履行できないときに、その代わりに提供する資産です。後述するように、日本の場合、担保の多くは土地でした。もし、銀行が担保にとった土地を売却すれば不良債権が回収できるのなら、少なくとも銀行にとっては問題はありません。しかし、バブル崩壊後の日本経済には、地価と株価の急激な下落という、未曾有の資産デフレが発生しました。したがって、銀行は不良債権の一部しか回収できませんでした。

こうして、不良債権の多くが回収不能になっていきますと、銀行の資産はどんどん減少していきます。資産が減少しても、銀行にとっての借金である貯蓄の額は変わりません。しかし、バランスシートの右側と左側の金額は、常に一致しています。それは、銀行の資本が減少することを意味しています。資本が減少しつづけると、それはやがてゼロあるいはマイナスになります。それが、「債務超過」の状態です。債務超過とは、返す必要のある借金の額が資産の額を上回っているということです。つまり、仮にすべての資産を回収したとしても、全部の借金を返せないという状態です。もしそのことが明らかになれば、そのような銀行に貯金をする人も、お金を貸す人も、誰もいなくなるでしょう。要するに、破綻せざるをえないということです。

実際、バブル崩壊後の日本では、こうした経過によって、金融機関の破綻が次々と生じました。人々が、「この銀行はもう危ないのではないか」と考えはじめると、貯金をするのをやめて、それを引き出しはじめます。そうしないと、自分の貯金が返ってこないということになりかねないからです。これを、「取り付け騒ぎ」といいます。九〇年代の半ばには、関西のいくつかの金融機関で、それに近いことが生じました。

また、金融機関は、金融機関同士が短期の資金の貸し借りを行う「コール市場」と呼ばれる市場で、無担保でお金を借りることもできます。しかし、危ない金融機関は、その市場でもお金を借りることができなくなります。というのは、貸し手の金融機関にとっては、もしお金を貸している間に倒産されてしまったら、まるまる損失になってしまうからです。実際、九七年から九八年にかけては、コール市場からの借り入れが困難になることによって、日本を代表する金融機関が次々と破綻しました。

土地担保主義の功罪

八〇年代末のバブルがなぜ起きたのかは、多くの専門家がさまざまに論じている、日本経済にとっての一大テーマです。そこで問題として常に指摘されることの一つは、日本の銀行に特有な「土地担保主義」です。

上述のように、銀行の本来の役割は、個々の企業の経営状態を適切に評価し、それに基づいて適切な融資をするというところにあります。それが、銀行の情報生産機能であり、審査能力です。仮に、融資先企業や、その融資案件のリスクがかなり高そうでも、リスク・プレミアムをつけて金利を高くして貸せばいいのです。それぞれの企業や融資案件のリスクに見合ったリターンを設定するというのも、銀行の重要な経営判断の一つです。

しかし、この役割を銀行が適切に実行し、社会的に必要とされる分野に必要な資金が提供されるためには、重要な条件があります。それは、「情報の非対称性」が銀行の情報生産機能によって十分に克服できるということです。

情報の非対称性とは、取引を行う双方の間で情報が正しく共有されていない状況のことです。この場合は、資金の貸し手である銀行が、借り手の企業が確実に資金返済を行う能力を持っているか、また借り手企業が資金を有効に使用しているかについて、十分な情報を持っていないということです。銀行がこの情報の非対称性を克服できないということは、銀行が真に有望な企業と「危ない」企業とを正しく見分けられないことを意味します。その場合、銀行は、有望な企業に対しても、「危ない」企業に対しても、一律に消費者金融なみの高い金利で貸すしかないでしょう。そうでないと、「危ない」企業への貸し倒れの損失を十分にカバーできないからです。しかしこれでは、一攫千金を狙った企業への融資ばかりが増えて、本当に有望な投資案件を持っていた企業への融資は、逆に減ってしまう可能性があります。これを、「逆選択」といいます。

このような情報の非対称性を克服する手段の一つが、銀行の情報生産機能です。しかし、もう一つあります。それは、「担保」です。ある企業が担保を設定して銀行から融資を受けるときに、その担保の価値が銀行の融資額を十分にカバーできているとするならば、銀行はそれほど十分な審査をすることなく融資をすることができます。万一その企業が倒産しても、担保を売却すればすむからです。これは、企業にとっても好都合です。一般に、それぞれの投資案件について最も正しい情報を持っているのは企業でしょうから、少なくとも担保を持つ企業に関しては、「せっかく儲かる見込みがあるのに銀行がお金を貸してくれない」という状況は避けられるわけです。

もちろん、この担保主義にも問題はあります。一つは、せっかく有望なベンチャー企業でも、土地を持っていないだけのために融資を受けられないかもしれないことです。もう一つは、銀行に「土地さえ担保に取っておけば審査は必要ない」という風潮を生み出しがちなことです。実際、それこそがまさに、八〇年代末のバブル期に生じたことでした。

そもそも、日本に「土地担保主義」が根づいたのは、日本では土地が狭く、地価が高いからです。したがって、融資を受けようとする企業は、土地さえ持っていれば容易に融資を受けられたのです。日本の銀行は、それぞれの企業の信用リスクに応じて貸出金利を設定するということもほとんどしませんでした。それも、土地担保さえ取っておけばそうする必要はなかったからです。

問題は、そこに突然、地価の急上昇という資産バブルが生じたことです。土地担保主義のもとでは、担保になりうる土地の価格が上昇すると、銀行の融資に対する制約が事実上なくなってしまいます。もちろん、そこで銀行がしっかりと審査をしていれば、問題はありません。しかし、そもそも担保というのは、審査を省略するためのものです。結局、担保になりうる土地価格の上昇は、銀行の融資先の範囲をどんどんと拡げていくことになります。とりわけ、不動産、建設、流通など、土地に依存する比率が高い業種への融資が拡大します。

しかし、バブルがはじけて資産デフレが生じる局面では、銀行のそのような行動は、銀行自身にとって、まさに最悪の帰結をもたらします。地価下落によって担保価値が融資額を下回る「担保割れ」が生じると、銀行の資産内容がしだいに悪化します。というのは、融資先の企業が倒産した場合には、その損失はすべて銀行の損失＝資本の減少になるからです。とりわけ、バブル期に融資が拡大した不動産、建設、流通といった業種への債権の劣化が急速に進みます。これが、銀行の不良債権問題です。不動産、建設、流通の三業種は、現在ではしばしば「不振三業種」と呼ばれています。

以上が、八〇年代末～九〇年代の、バブルからバブル崩壊の中で銀行に生じたことがらの、およその概略です。

日本的な企業統治とは何か

現在、日本の金融システムは、こうしたバブル後遺症の中で、まさにもがき苦しんでいます。しかし、一部の論者は、バブルよりもむしろ、「間接金融の偏重」という、従来の日本の金融システムにおける「構造問題」の存在を指摘しています。つまり、日本の資本市場は、直接金融ではなく間接金融に過度に依存しすぎていたのであり、そのことが、バブルとその崩壊による経済的攪乱《かくらん》を増幅させたというわけです。

たしかに、日本の資本市場は、諸外国と比較すると、間接金融、すなわち銀行を媒介とした資金の流れが大きな比重を占めているという特徴があります。日本の家計は、資産の相当の部分を預貯金などの「安全資産」で保有しており、資産のうちの株式保有の比率はごくわずかでしかありません。九〇年代末の時点でいえば、日本の家計資産における現金および預金の比率は、郵便貯金という特殊要因があるとはいえ、五五％前後にも達している一方で、その中の株式の比率は六～七％でしかありません。それに対して、アメリカでは、家計資産における現金および預金の比率は一〇％たらずで、株式の比率は二五％程度にも達しています。日本の家計がこのように大きな預貯金を持つということは、間接金融の比率が大きくならざるをえないことを意味しています。

ところで、直接金融にせよ間接金融にせよ、企業に対する資金の貸し手には、一つの大きな役割があります。それは、企業に提供した資金が適切に用いられているか、すなわち企業の経営者がきちんとした経営をしているかを、絶えずチェックすることです。そして、不適切な経営をしている経営者に圧力をかけたり、場合によっては、そのような経営者を首にしたりすることです。そうした役割のことを、「企業統治」といいます。

本来、企業の所有者とは株主です。株主は、株主総会において、その保有する株の数だけの議決権を行使することができます。したがって、仮にある企業の過半数以上の株式を持っていれば、自動的にその企業の経営を支配できることになります。ただし、株主が分散されている大企業などの場合には、筆頭株主になるにも、必ずしも過半数以上の株式保有は必要ありません。

そのような支配的な株主は、経営に関与しようと思えばできますが、必ずしもそうする必要もありません。投資家としての株主にとっての共通する利害とは、その企業ができるだけ多くの収益をあげて、それを配当ないしは株価の上昇というかたちで還元してもらうことだけです。つまり、インカム・ゲインやキャピタル・ゲインを獲得することです。経営者がそのことさえ実現してくれていれば、企業経営それ自体は、その経営者あるいは経営陣に委託してしまってもまったくかまわないのです。株主がへたに経営に関与して損をするよりは、優れた経営者に経営を任せてしまったほうが、はるかに賢明でしょう。

逆にいえば、経営者の使命とは、できるだけ多くの収益をあげて、その株主の期待に応えることです。経営者が経営から排除されるとすれば、それは、経営者がその株主の期待に応えていないという状況においてです。株主としては、企業を赤字にしてしまうような経営者は、やり方を改めさせるか、辞めさせるしかないでしょう。これが、「企業統治」です。

このことは、株主が同時に経営者であるような、中小企業などのオーナー経営者の場合でも、まったく同様です。ここでは、企業の収益はすべて、オーナーである経営者に帰属することになります。つまり、優れた経営を実行することが、自らの利益にも直結することになります。逆に、経営に失敗すれば、自分自身が損をします。したがって、自らが自らを統治するしかないのです。

しかしながら、実は、従来の日本的な企業・金融システムの中では、こうした「株主による企業統治」は、あまり有効に機能していませんでした。それには、主に二つの理由がありました。

一つは、日本の企業の株式は、関連する企業同士が相互に持ち合っているケースが非常に多かったということです。そして、この持ち合い企業が、よほどのことがないかぎり株式を手放さない「安定株主」として機能していたということです。こうなってしまうと、株主から経営者へのプレッシャーは、相当に弱まってしまいます。投資家から見放されてしまうかもしれないという緊張感こそが、経営者に規律づけを与えるものだからです。

そして、もう一つはやはり、日本の金融システムにおける間接金融の比重の異常な高さです。これは、企業がお金を借りる先は、もっぱら銀行だということを意味します。当然、銀行の立場からは、お金を貸した企業がちゃんと儲けてくれなければなりません。その企業が、いい加減な経営をしていないかどうかを、チェックしなければなりません。日本では、その役割は、主に「メインバンク」と呼ばれる銀行によって果たされてきたと考えられてきました。メインバンクとは、ある企業にとって、最も多額の融資を受けていたり、人的ないし資本的に関連を持っていたり、あるいは情報のうえで最も密接な関係にあるような銀行のことです。

つまり、日本の場合には、株主よりもむしろメインバンクが、企業経営を監視するという意味での「企業統治」の役割を担っていたというわけです。

日本の金融システムの今後

このように、これまでの日本の金融システムは、間接金融に過度に依存する構造を持ち、その構造が日本的な企業統治のあり方をも規定していました。しかし、九〇年代以降、それは大きく変化しつつあります。資産デフレによる地価の下落によって、従来型の土地担保に基づく銀行融資は困難になりました。また、株価の下落は、企業による株式の相互持ち合いを解消させるような作用を及ぼしました。そうしたなかで、銀行と企業のつながりはしだいに希薄となり、メインバンクという言葉も、単に「最も頻繁に取引をしている銀行」という程度の意味に変わりつつあります。そして、多くの企業にとっては、株式市場での株価の動向も含めて、企業の所有者である株主の意向がますます大きな意味を持つようになってきています。

おそらく、この銀行から株主へ、間接金融から直接金融へという流れは、今後も徐々に進んでいくものと思われます。というのは、今後は、家計の立場から考えても、資産を預貯金のような安全資産ばかりで運用していては、十分な収益を得られないことが予想されるからです。

間接金融と直接金融で何が違うかといえば、前者は家計が直接に信用リスクを負うことがないのに対して、後者は信用リスクを直接に負うことになるという点です。既述のように、家計が銀行に貯金を持ち、銀行が企業に融資することは、信用リスクを銀行が負うことを意味します。それに対して、家計が株式を買ったり、社債を買ったりすれば、その信用リスクはすべて家計が負うことになります。家計が投資信託にお金を預けるとすれば、個別企業の信用リスクは免れるかもしれません。しかし、ファンドそれ自体の価格変動リスクを免れることはできません。つまり、現金や預貯金以外の資産の多くは、リスクを伴うという意味での危険資産なのです。

ところで、一般に、ハイリスク＝ハイリターンといわれるように、資産の運用においては、ある程度の高い収益を得ようとすれば、ある程度の高いリスクを負担する以外にはありません。もちろん、リスクを嫌う人は、もっぱら預貯金などの安全資産を保有するという選択をすればいいだけのことです。それは、まったく咎《とが》められるべきことではありません。しかし、日本の家計の多くが、そのような安全志向の資産選択ばかりをしていれば、それでなくてもローリターンの資産の収益が、それへの大きな需要によって、さらにローリターンになっていくでしょう。実際、それだけが理由ではありませんが、日本の預金金利は、日本人の預貯金＝安全資産好きも反映して、きわめて低い水準になっています。

現在の日本経済では、デフレによって企業収益が減少し、株価が下落しつづけています。

そのために、多くの家計は、現金や預貯金のような安全資産への選好をむしろ強めていま
す。しかし、もう少し長い目でみると、今後はやはり、一般家計も、少なくともリターン
に見合ったリスクは取らざるをえない時代に入っていくように思われます。この数年の、
株価の下落の中での「投資指南本」のブームは、その予兆なのかもしれません。

第5章

政府の役割

市場の意義と限界

第3章では、「市場」というものが、いかに巧妙な機能を持っているのかを説明しました。われわれの社会において重要なのは、資源配分問題、すなわち、社会にある有限の資源を人々にいかに適正に配分するのかという問題です。それを、政府が計画経済で行うよりもはるかに巧妙かつ効率的に実現するのが、市場です。いくら聡明な為政者や官僚が頭で考えて計画をしても、市場にはまったくかなわないのです。まさに、アダム・スミスの言う「神の見えざる手」です。

経済学はこれまで、市場というものが、われわれの社会の経済厚生、すなわち人々の豊かさあるいは満足を最もうまく改善していくのだということを明らかにしてきました。レオン・ワルラスという、十九世紀フランスの経済学者がいます。ワルラスは、多数の市場において、第3章で説明したような「せり」が行われた場合には、どのような帰結がもたらされるかを考察し、それを「一般均衡理論」という理論体系にまとめあげました。その理論では、各々の企業および家計は、「せり」が行われる市場で、自らの利潤および満足を最大化するように行動します。つまり、企業は労働市場などを通じて生産要素を家計から購入し、家計は財貨・サービス市場を通じて企業から財貨・サービスを購入します。その市場の取引の最終的な帰結が、「一般均衡」です。それは、図表3－2（96ページ）のような需要と供給の均衡が、すべての市場において同時に成立しているような状態です。そして、この一般均衡とは、社会の成員のすべての経済状況を同時に改善することはもはや不可能だという意味で、社会的に最も効率的な状態なのです。市場の持つそのような意味を明らかにしたのは、経済学の最大の貢献の一つです。それはいわば、経済学の中心的なメッセージであり、経済学のコアといってよいでしょう。

しかし、このことはもちろん、市場が万能であるということを意味してはいません。第3章でも指摘したように、市場経済は、所得と所有の不平等を常に伴います。それは、市場経済の宿命という意味で、いわば「市場の限界」です。市場は、効率をもたらすことはできますが、必ずしも平等をもたらすわけではありません。

また、市場の望ましい結果が実現されるには、いくつかの前提条件が必要です。もしそれらが現実に満たされていない場合には、市場は社会に必ずしも望ましい結果をもたらすとは限りません。これを、「市場の失敗」といいます。本章でのちに検討するように、この市場の失敗の実例は、現実の経済においては、数多く存在しています。

つまり、市場には、限界があり、失敗があるということです。われわれの社会に、市場だけではなく政府が必要なのは、まさしくそのためです。

市場のイデオロギーと現実

ところで、経済学者や経済学の研究者に対して、「市場原理主義者」という蔑称が用いられることがあります。要するに、市場の意義を盲信している人々ということです。たしかに、一部の経済学者は、かつての共産主義者が社会主義や共産主義をイデオロギーとして信奉したのと同様に、市場なるものを、ある種のイデオロギーとして信奉しています。アメリカは、その「市場信仰」に染まっている人々が、とりわけ多い社会かもしれません。市場を信仰するということは、政府に懐疑の念を抱くということとほぼ同義です。アメリカの共和党は、伝統的に、そのような思想傾向の人々を支持基盤にしてきました。一九八〇年代のレーガン共和党政権のスローガンであった「小さな政府」は、その端的な現れです。

現在のブッシュ政権もそうですが、共和党は絶えず減税を主張しています。これは明らかに、できるだけ市場にまかせよう、政府はなるべく何もしないほうがよいという、イデオロギーの発露なのです。要するに、共和党の支持者層は、政府が税金を取って何かをするのが非常にいやなのです。それで、とにかく減税をさせて政府をぎりぎりまで小さくしようという主張をするわけです。

アメリカでは、経済学者の中でも、そのような「イデオロギーとしての市場主義者」は、数多く存在しています。その牙城は、シカゴ大学です。したがって、その集団は、シカゴ学派と呼ばれています。その中でも最も有名なのは、ノーベル経済学賞受賞者でもあるミルトン・フリードマンです。フリードマンはまさに、市場の意義と「政府の弊害」を倦《う》まずたゆまず説きつづけてきた経済学者であり、現在でも教祖的な地位を保っています。

このように、イデオロギーとしての市場原理主義というのは、たしかに存在しています。しかし重要なのは、経済学者のすべてがそのような考え方をしているわけではまったくないということです。むしろ、大多数の経済学者は、現実の経済には市場がうまく機能しないケースは数多く存在していると考えており、したがって政府が一定の役割を果たすことは当然だと考えています。

実際、これまでの経済学は、市場がいかなる役割を持つかだけではなく、それがうまく機能しないとすればなぜなのか、それは政府のどのような政策によって是正できるのかをも明らかにしてきました。つまり、市場の意義だけではなく、その限界をも明らかにしてきたのが経済学なのです。その意味では、経済学者＝市場原理主義者という決めつけは、経済学および経済学者に対するまったくの誤解でしかないといえるでしょう。

市場の失敗としての公害

それでは、市場というものは、いったいどのようなときに失敗するのでしょうか。その市場の失敗の実例には何があるのでしょうか。

上述のように、市場が正常に機能するときには、人々が利己主義的に自分の満足だけを目標に行動し、企業が利益をあげることだけを目標に行動した結果として、社会的に最適な結果が生み出されます。しかし、人々や企業が利己主義的に行動したことで、社会的に最適ではない結果がもたらされるケースもあります。それが、市場の失敗です。

最も典型的な市場の失敗は、公害です。あるいは、環境破壊です。公害や環境破壊は、なぜ起こるのでしょうか。日本で最も有名な公害の実例は、水俣病です。これは、工場が有害物質を海に垂れ流し、その有害物質が魚や貝の体内に蓄積されてしまい、その魚介類を食べることで、人々が病気になってしまったというケースです。

なぜこうしたことが生じたかといえば、それは、企業が利益をあげたいからです。企業が利益をあげるためには、なるべくコストを引き下げなければなりません。コストを引き下げれば、製品の価格を安くでき、それによって売上げを拡大することができ、利潤をあげることができます。しかし、この水俣のケースでは、企業はたしかに利潤をあげることができるかもしれないが、他方では有害物質を垂れ流すことで、人々に有害な作用を及ぼしています。

本来ならば、企業は、そうした有害物質を出さないように、コストをかけて処理しなければなりません。ところが、処理をしないで、こっそりと垂れ流してしまったのです。企業がそうするのは、それを垂れ流してしまえば、有害物質を処理するのに必要だったはずのコストが節約できるからです。そして、そのコストが節約できた分だけ、製品を安くできるので、利潤をあげることができるからです。要するに、なるべく処理をしないで有害物質を垂れ流しにすればするほど、企業は儲かるということです。

ここでは明らかに、利潤を最大化しようとする企業の利己主義的行動が、社会に望ましくない結果をもたらしています。これが、市場の失敗です。本来、企業が自らの努力によって製品のコストを下げ、財やサービスを安く供給し、より多くの利潤を得ることは、企業自身にとっても社会にとっても望ましいことです。それが市場の本来の機能です。この公害の例は、それが実現されていないことを意味しています。

問題は、この有害物質を垂れ流しする企業が、真のコストを負担していないというところにあります。もし有害物質の処理のコストを企業が負担するとすれば、その製品の価格はそれだけ高くなるはずです。逆にいえば、その製品の価格は、処理コストをすべて社会に押し付けている結果として安くなっているのです。そして人々は、安いのでついそれを買ってしまいます。これはまさに悪循環で、市場が適切に機能していない状況です。つまり、本来はコストであったものが製品の価格に反映されない結果として、非常に歪《ゆが》んだ資源配分が生じてしまうということです。

実は、こうした例はたくさん存在しています。たとえば、自動車の排ガス問題、騒音問題もその一つです。自動車はたしかに、いつでも楽に移動ができるので、その持ち主にとっては便利かもしれません。しかし、自動車というのは基本的に、必ず人に迷惑をかけています。というのは、絶えず排ガスや騒音をまき散らすからです。それは、自分以外の他人には明らかに不利益を与えているのですから、本来は自動車の持ち主が、その不利益のコストを負担すべきなのです。

たとえば、自動車の排ガスのせいで喘息《ぜんそく》で困っている人がいるとします。おそらく、それに医療費がどれだけかかろうと、そのコストは自分で払っていると思います。しかし、この人が喘息になったのは自動車のせいなのですから、本来は自動車の便益を享受した人が、その医療費を負担すべきなのです。自分が自動車に乗った結果として自分が病気になっているのであれば、誰も文句は言いません。しかし、ここでは、自分がいい思いをすることが、結果として他人に不利益を与えているのです。これもまた、明らかな市場の失敗です。

外部性に対処する政策

このように、経済活動の便益や不利益が、市場を通じないで発生することを、「外部性」といいます。先の例のように人々に望ましくない結果が起きてしまう場合には「負の外部性」、逆に望ましい結果が生じる場合を「正の外部性」と呼びます。正の外部性とは、近くに駅ができて便利になったというように、自分がとくに何の努力も負担もしなくても便益が得られるようなケースです。正の外部性の場合には、負の外部性とは逆に、人々にとって望ましいものが十分に供給されない可能性があります。

いずれにしても、外部性の存在は、結果として市場の資源配分を歪めてしまいます。そして、市場がうまく機能していないわけですから、政府が何らかの手段を講じる必要があります。

公害問題であれば、最も単純なのは、処罰を前提とした政府の規制です。たとえば、有害物質を垂れ流している企業が発見された場合には、高い課徴金をかけるという方法です。その場合、企業は、もし有害物質を垂れ流しているのを発見されたらたいへんな負担になります。あるいは倒産する可能性さえあります。おそらく企業は、そのようなリスクを侵すくらいなら、自らコストを負担して汚染処理施設を作ろうとするでしょう。政府が正しく規制を設けるならば、そのような自己制御のメカニズムが働くということです。

また、近年しばしば言及される「環境税」という手段があります。実は、環境税というのも課徴金の一種です。排ガスや二酸化炭素などは、いくらコストをかけても、その排出をゼロにすることはできません。しかし、何もせずに放っておけば、それを適切に抑制することができません。

たとえば、自動車にしても、排ガスを出さない構造にしようとすると、やはりコストがかかります。そういうことを考えなければ、コストが非常に安くなります。しかし、排ガスを出す安い自動車と、排ガスを出さない高い自動車が売られているとすれば、消費者の多くは、おそらく前者を購入するでしょう。というのは、排ガスそれ自体は、他人に迷惑になるものではあっても、自分に直接の不利益をもたらすものではないからです。自分にとって何のデメリットもないのであれば、より安い自動車を買うというのが、消費者にとっての合理的な選択でしょう。

この場合には、自動車に排ガスの量に比例した高い税金をかけるというようにすれば、消費者に排ガスの出ない自動車の購入を促すことができます。本来、排ガスを出す自動車は、社会にそれだけ不利益を与えているのですから、その分は値段が高くあってしかるべきなのです。その意味では、この排ガスに応じた税金は、社会全体にとってはむしろ利益をもたらすことになるでしょう。

現実に、二酸化炭素についてはヨーロッパなどで「二酸化炭素税」が導入されています。これは、二酸化炭素の排出量に応じて税金をかけるという制度です。これによって、企業の生産活動などに、なるべく二酸化炭素の排出を少なくしようというインセンティブを持たせることができます。というのは、企業にとっては、「利益を少しでも税金で取られないようにするためには、二酸化炭素の排出量をなるべく少なくしなければならない」からです。

つまり、外部性が存在し、市場が失敗するケースでは、政府がそれを是正する措置を講じる必要があるということです。それを放置して、単に「市場にまかせておく」ことは、社会全体にとっての不利益でしかないのです。

公共財の供給

市場の失敗のもう一つの重要な例は、「公共財」と呼ばれるものの供給についてです。実は、市場というのは、われわれの社会が必要とする財やサービスをすべて供給できるわけではありません。つまり、社会が必要とするにもかかわらず、市場ではうまく供給できない財やサービスが存在するということです。それが、公共財です。

たとえば、海に行きますと、灯台があります。灯台というのは、昔から、船の運航にとっては必要不可欠な設備です。これがないと、日が落ちるともう船が運航できなくなってしまいますから、非常に不便です。問題は、誰がこれを作るのかです。灯台の建設には、大変なお金がかかります。気前のいいお金持ちが作ってくれればいいのですが、そのような人はいないかもしれません。そこで、何人かの船主が、お金を出し合って灯台を作ったとします。しかし、ここに問題があります。たしかに、灯台ができたことで、船主たちの船は、夜も運航できるようになります。しかし、そこには必ず、ただ乗りする船が出てきます。というのは、灯台ができたことの便益は、船主たちの船だけが独占できるものではないからです。つまり、いったん灯台ができてしまえば、それが他の船にも便益を及ぼすことを排除できないのです。このように、ただ乗りする人々のことを、「フリー・ライダー」といいます。

これでは、お金を出してもお金を出さなくても、同じ便益を受けられるのですから、せっかくお金を出した船主たちが馬鹿をみてしまいます。したがって、人々が合理的なら、馬鹿をみることがないように、誰かが作ってくれるのを待つようになります。しかし、みんながただ乗りをしようと考えるわけですから、結局は誰も灯台を作らないということになります。そして、みんなが灯台のない不便な状態を我慢しつづけることになります。

つまり、このケースでは、みんながフリー・ライダーになろうとするために、本来は必要なものが作られない状態になるのです。もちろん、企業を設立して、監視してフリー・ライダーを排除しつつ、便益を受ける船から利用料を徴収できれば、こうした問題は起きません。しかし、それをすること自体にも、コストがかかります。フリー・ライダーを排除するコストが、便益を受ける船から徴収できる収益を上回ってしまうのなら、意味はありません。それでは民間企業としては商売が成り立ちません。したがって、結局は誰も灯台を作らないことになるのです。

そこで、社会の人々から強制的にお金を集めて、これを作ってしまおうという考え方が出てきます。この「強制的に集めるお金」が、税金です。それを徴収するのが、政府です。そして、社会全体が必要としているけれども、フリー・ライダーをうまく排除できないために民間企業では適切に供給できない財を、政府がその税金によって作るのです。その場合には、税金というかたちでお金を取る見返りとして、社会の成員がそれを無料で利用できるようにするのです。灯台の恩恵それ自体は、いくら使っても減るものではないのだから、無料にしてより多くの船主に恩恵を与えたほうが、社会にとっては望ましいことだからです。

この灯台のように、利用者の排除可能性がなく、かつその財の利用の競合可能性がないような財のことを、公共財といいます。公共財とは、この二つの性質を持つために、市場では適切に提供できない財です。灯台はこの公共財の典型的な例ですが、道路、橋、港湾などの社会資本は、ほぼ同様な性質を持っています。

たとえば、道路を考えてみましょう。道路は、やろうと思えばフリー・ライダーを排除して、利用者からお金を取ることができます。実際、日本の高速道路はそうしています。つまり、排除可能性を持っています。しかし、一般道路を含めて、ありとあらゆる道路を有料にするのは、コストがかかるだけで、きわめて不便です。それよりは、人々から税金を徴収して、それによって道路の整備を行い、それを無料で開放するほうが、はるかに合理的です。それは、橋などにしても同じです。みんなが使うものは、みんなから税金を取って賄ったほうがよいということです。そして、そのためには、それを実行する主体となる「政府」が必要だということです。

政府の公共サービス

政府はまた、公共財の一種としての「公共サービス」を提供する主体でもあります。サービスには、さまざまな種類のものがあります。病気になったときにお医者さんに診てもらうのは、医療サービスです。自分の安全を守ってくれるというサービスもあります。火事が起きたときにそれを消してくれるのも、サービスです。それらの多くには、国が関与しています。

われわれは、警察や消防は公共サービスであり、当然に国が行うべきものだと考えています。しかし、よくよく考えてみれば、たとえばお巡りさんのサービスの一部というのは、民間企業が行ってもいいのです。民間には警備員という業種があるのですから、必要なときだけお金を支払って、身辺を守ってもらうということです。実際、香港などでは、お巡りさんは危険なことをしようとしないので、お金持ちはみなガードマンを雇っているようです。

しかし、警察や消防が公共サービスであるのには、やはりそれなりの理由があります。われわれ一般庶民は、身の危険を感じたら警察に電話してそのサービスを受けるというのが当然だと思っていますし、火事になれば消防に電話してすぐに来てもらうのが当然だと思っています。仮に、消防を民間企業が行ったらどうなるでしょうか。火事が起きるたびに、「火を消してほしいがいくらかかりますか」と交渉しなければなりません。もしお金のない人の家が火事になったら、そのまま丸焼けになってしまいます。そして、その周りの家も全部焼けてしまうことになります。また、大火事だったら、誰もその費用を支払えないかもしれません。

結局、消防サービスを民間企業が提供するのは難しいということです。それはやはり、税金によって賄われるべき政府のサービスなのです。江戸時代の頃には、火消し組のようなものがあって、ある種のボランティアで「火消し」をやっていました。現代では、その仕組みがより制度化され、税金から給料を支払うというかたちで、専門の消防士を社会全体で雇って、それをしているのです。

政府による公共サービスの提供には、こうした公共財としての特質に基づく根拠のほかに、政府として国民のすべてに最低限のサービスを給付するという、所得再分配上の意味合いも含まれています。この「国民に保証されるべき必要最低限の生活水準」を、「ナショナル・ミニマム」と呼びます。

この立場からすれば、警察や消防が公共サービスであるのは、お金持ちだけが身の安全を守られるような社会は望ましくないからです。貧乏人であろうが金持ちであろうが、個人が享受すべき最低限の安全と安心は国として守らなければならないということです。

それは、公的年金も同じです。お金持ちは、いくらでも貯蓄があります。民間の保険会社などが運営する私的年金もあります。問題は、貧乏な人です。もし貧乏な人が長生きしてしまったら、死ねと言うに等しい状況になってしまいます。これはやはり、社会にとって望ましくはありません。そこで、最低限の年金は国が支給すべきだということになります。これが、国民年金です。

あるいは医療です。病気になっても、お金を持っていなければ治療も受けられないような社会は、やはり問題です。アメリカには、公的な皆保険のシステムはありません。したがって、病院に通うときは、医療費は基本的に全額自己負担になります。しかし、公的な皆保険制度が整備されている日本では、自己負担分もありますが、医療費の大半は保険で賄われます。その費用は、保険料や税金というかたちで社会全体から徴収されています。医療は人間の生死にかかわる問題なので、国民皆保険によってあらゆる人に最低限の医療サービスが準備されているということは、やはり重要です。

さらには教育です。もちろん、教育のすべてが公的サービスである必要はありません。とくに個人の収入に直結するような実務的な教育は、国が積極的に関与すべきとは思われません。しかし、家計の経済的状況のいかんにかかわらず、最低限の教育機会は、すべての子どもに対して開かれているべきでしょう。義務教育とは、国があらゆる子どもに一定の教育義務を課し、その教育機会を保証するためのものと考えることができます。

分配の公正をどう考えるべきか

以上のような政府による公共サービスの提供は、政府の持つもう一つの重要な機能とも深く関連しています。それは、政府の所得再分配機能です。

第3章で述べたように、市場経済は、所得分配の不平等、資産保有の不平等を、結果として常に伴います。人々の労働の能力は、一人一人異なります。たとえば、プロ野球でいえば、イチロー選手と二軍に入ったばかりの選手では、野球選手としての能力が天と地ほど違うでしょう。したがって、球団経営者としては、球団の勝利に貢献することで客をたくさん呼ぶことができるイチロー選手には、巨額の年俸を支払います。球団としては、それでも十分に利益になるからです。しかし、二軍に入ったばかりで試合にも出ていない選手には、そんなに給料を高くするわけにはいきません。

同じことは、企業に勤めるサラリーマンに関してもいえます。月に二〇台の自動車を売ることができる営業マンと、一〇台しか売ることができない営業マンでは、前者の給料が高くても当然です。企業経営者の立場からすれば、月に二〇台売る営業マンには、一〇台しか売らない営業マンの倍の給料を支払っても、会社の売上げや利益を伸ばしてくれるという点では十分にお釣りがくるでしょう。

つまり、市場経済では必然的に、人々の労働能力の差に応じて所得の格差が生じるということです。それは、それぞれの人々の労働能力に対する「市場の評価」を示しています。人々の労働能力が異なれば、それに対する市場の評価も当然ながら異なるということです。
また、こうした市場経済において生じる所得分配の格差は、資産保有の格差をもたらすことになります。そもそも、人々が一生懸命に働くのは、より豊かな生活をしたいからです。そして、多くの人々は、単に現在の生活だけではなく、将来の生活をも豊かにしたいと考えて働いています。この、「将来の生活の豊かさ」を保証するものこそ、資産です。つまり、所得が資産として守られるからこそ、人々は働くのです。その意味では、所得分配の不平等が存在する社会とは、同時に資産保有の不平等が許容されざるをえない社会であるということです。

共産主義者はかつて、市場経済＝資本主義経済のこうした側面を、強く批判しました。彼らによれば、資本主義経済とは持てる者と持たざる者の不平等を常に孕《はら》んだ経済であり、市場経済とは野蛮きわまりない弱肉強食の経済だということになるのです。このような批判は、たしかに一面の真理を含んでいます。もちろん、だからといって「能力がいかに違っても所得の格差がない社会」が望ましいのかといえば、決してそうではありません。そのことは、すでに第3章で説明しました。とはいえ、市場経済＝資本主義経済は時として、社会の成員の間に、極端なまでの所得格差、資産格差を生み出します。それが社会公正や社会倫理の観点からみて許容されるべきものかどうかは、市場経済それ自体の評価とはまったく別の問題です。

おそらく、市場経済の「本場」であるアメリカは、その問題性が最も顕著に現れた社会ともいえるでしょう。国連開発計画の一九九八年のヒューマン・デベロップメント・レポートによれば、「世界の大富豪上位三人（第一位はビル・ゲイツ）だけで、最下位の開発途上国四十九ヵ国のGDPの合計を上回り、世界で十三億の人が一日当たり一ドル未満の収入で生活を続けている」のです。そして、「米国でも一九九七年時点で、上位一％の金持ちの所有する資産が、下位九五％の資産を上回っている」という状況です。

ちなみに、世界第一位の富豪であるビル・ゲイツとは、パソコンのオペレーティング・システムであるウィンドウズで有名な「マイクロソフト社」の創業者です。ビル・ゲイツはマイクロソフト社を、ハーバード大学の学生だったときに始めました。今流にいえば、「学生ベンチャー・ビジネス」です。マイクロソフト社が現在のような巨大企業に育っていった要因の多くは、このビル・ゲイツの才能と努力にあるのかもしれません。その意味では、ビル・ゲイツが巨額の富を得るのは当然であるという見方もできます。これは、成功した人はそれだけ努力をしたのであり、努力をしたのだから報われるのは当然であるという、「アメリカン・ドリーム」流の考え方です。

しかし、ビル・ゲイツの成功が純粋にビル・ゲイツ個人の才能と努力のみによってもたられたと考えるとすれば、それは明らかに誤りでしょう。「ウィンドウズ」はたしかにマイクロソフト社の製品ですが、それは先人の努力の成果をさまざまなかたちで引き継いだものにほかなりません。同じことは、ビル・ゲイツの持つ能力や知識それ自体に対してもいえます。社会に対するビル・ゲイツの個人的な貢献が、そのあまりにも大きな所得や資産の専有を正当化できるかどうかは、きわめて評価が難しい問題です。

税制を通じた所得再分配

現代の市場経済＝資本主義経済においては、アメリカも含めた多くの政府は、一定程度の所得再分配政策を行っています。それはもちろん、共産主義のように、所得や資産のすべてを平等にするためのものではありません。そうではなく、社会のすべての成員に、人間としての最低限の生活を保証するためのものです。その役割は、政府以外には誰も担うことができません。

社会全体の分配の公正を実現するというのは、乱暴にいえば、お金持ちからお金を取って、それを貧乏な人にばらまくということです。これを政府以外の主体が行ったのなら、それがいかに正義感から発した行為であっても、強盗になってしまいます。時代劇の「鼠《ねずみ》小僧」が、まさしくそれです。しかし、政府だけは、人々の所得を合法的に「かすめとる」

ことができます。それが、税金です。むしろ、政府のこの行いに反抗したり、それを無視したりした場合には、脱税という違法行為になってしまうのです。

政府の税制を通じた所得再分配とは、具体的には以下のことです。これまで述べたように、政府は、市場ではうまく供給できない公共財や公共サービスを人々に供給するという役割を担っています。その費用は、社会全体で負担しなければなりません。そのときに、その費用の分担を、所得の低い人には低くし、所得の高い人には高くすれば、結果として所得の高い人から低い人への再分配が実現できることになります。これが、税制を通じた所得再分配です。

そのための手段として最もよく用いられているのが、「所得税の累進課税」です。累進課税とは、所得が高くなればなるほど税率も高くなる仕組みです。この累進性の度合いが強くなればなるほど、所得が高い人が支払うべき税金は増えていきます。つまり、所得分配の不平等が是正される程度は増えていきます。それは、社会公正の観点からは、望ましいことです。しかし、高い所得を得たいという人々のインセンティブを阻害し、経済効率を悪化させ、経済の停滞につながる可能性もあります。社会主義経済の停滞は、まさにそれが原因だったのです。

このように考えていくと、分配の平等性と経済の効率性の間には、あちらを立てればこちらが立たずというトレード・オフ（二律背反）の関係があることがわかります。この関係を、「平等性と効率性のトレード・オフ」といいます。

重要なのは、この平等性と効率性のどちらを重んじるのかは、経済の論理で決まる問題ではないということです。それは、それぞれの社会を構成する人々の集合的な「価値判断」で決まります。

たとえば、アメリカというのは、分配の平等性の実現をほとんど重んじることのない社会です。むしろ、政府が高い税金を取って弱者に再分配するという考えを忌み嫌っている人が多いとさえいえます。弱肉強食でいいではないか、高所得者は努力したからこそお金持ちになったのだから、政府が彼らからお金を取る権利などないというのが、アメリカ流の考え方です。実際、一九八〇年代のレーガン共和党政権は、こうした考え方に基づいて、高所得者層に対する大幅な減税政策＝累進課税の緩和を実現させました。

もちろん、他方には、分配の平等性をきわめて重視している社会もあります。たとえば、北欧の福祉国家がそうです。スウェーデンなどは、非常に税金が高いことで知られています。所得の六割ぐらいは税金で取られてしまいます。その代わり、老人福祉、障害者保護、失業保険など、非常に手厚い社会保障が用意されています。それらのサービスの多くは、政府が供給していますから、貧乏だから手に入らないという心配はありません。しかし、税金は高いというわけです。高福祉高負担だが、同時に平等でもある社会です。

世界には、アメリカのような国がある一方で、スウェーデンのような国もあります。その方向性は、民主主義的な手続きの中で、それぞれの国の有権者の意思表示によって決められてきたのです。結局、それを決めるのは、有権者であるわれわれなのだということです。

経済のマクロ的変動

これまで、市場の失敗の是正、所得分配の平等化という、政府が固有に持つ二つの経済的な役割について説明してきました。政府には、もう一つの重要な役割があります。それは、マクロ経済の安定化です。

これまで述べてきたように、市場経済には本来、効率的な資源配分を実現する機能があります。しかし、いくつかの必要な条件が満たされていないときには、それはうまく機能せず、望ましくない資源配分が実現されます。それが、市場の失敗です。しかし、市場がうまく機能しないケースは、もう一つあります。それは、何らかの要因によって価格の調整がうまくいかず、財貨・サービスや資源の遊休が生じてしまうことです。その中でも最も深刻なのは、「労働」という資源の遊休です。すなわち、失業です。失業が「賃金の下方硬直性」と密接に結びついた現象であることは、すでに第3章で説明しました。

歴史を勉強すると、資本主義経済はこれまでに、失業が大規模に発生するような時期を何度も経験していることがわかります。これが、「不況」です。それがあまりにも急激に生じた場合には、「恐慌」と呼ばれます。逆に、景気が上向きつつある状況は、「好況」です。

九〇年代以降の日本経済は、まさに不況そのものです。実際、失業率はほぼ一貫して上昇しつづけています。しかし、バブル経済の頃は、企業の多くは人手不足で困っていました。要するに、その頃は好況だったのです。このように、資本主義経済においては、景気が悪化する一方になることもあれば、日本のバブル期のように、過熱する一方になることもあります。それが景気循環です。

こうした景気循環の山と谷が最も劇的なかたちで現れたのは、一九二〇年代から三〇年代にかけてのアメリカです。

一九二〇年代は、アメリカの黄金時代といわれています。現代のような「高度大衆消費社会」の原型が形づくられたのが、まさにアメリカのこの時代です。社会の生産能力が拡大し、人々がどんどん豊かになり、耐久消費財の市場が拡大していきます。それを象徴するのが、自動車産業の勃興です。自動車というのは、それ以前には、お金持ちの乗り物でした。しかし、ヘンリー・フォードという人物が、T型フォードという大衆車を開発し、それを一九〇九年に一台九〇〇ドルで売り出します。その価格は、一九一六年には、三六〇ドルにまで引き下げられます。それによって、T型フォードは爆発的に販売を伸ばしていきます。これが、現代にいたる自動車産業の始まりです。一九二〇年代のアメリカでは、この自動車産業に先導されたかたちで、さまざまな耐久消費財産業が花開きました。ラジオなどの家庭電気製品も登場しはじめます。それを人々が、先を争って購入したのです。

このように、一九二〇年代のアメリカでは、新興産業が急激に拡大していきました。その結果、ニューヨークのウォール街にある株式市場では、株価がどんどん上がっていきました。今流にいえば、バブルです。その株価が大暴落したのが、一九二九年の十月二十四日です。これが、三〇年代の世界大恐慌の発端です。

その後、この世界恐慌は、日本を含む世界のあらゆる国々を巻き込んでいきます。アメリカでは、一時的には失業率が二五%にも達しました。労働者のうちの四人に一人が失業していたということです。日本の失業率はこれほど高くはなりませんでしたが、「昭和恐慌」と言われた当時の景気悪化の中で、五・一五事件などの社会騒動が生じました。

ケインズ経済学の登場と定着

ところで、当時の経済学者たちの多くは、資本主義経済の中で景気変動が生じるのは仕方のないことであり、むしろ不況という「破壊」を通じて新たな経済成長の基礎が準備されるとさえ考えていました。そして、当時の政治家や政策担当者の多くも、そうした考え方に感化されていました。最も代表的だったのは、アメリカで大恐慌が起きた当時の大統領であったハーバート・フーバーであり、その政権の財務長官であったアンドリュー・メロンです。フーバーは、銀行や企業が次々と潰れていくのを静観するのみで、積極的な政策を何もしようとはしませんでした。その背後には、アンドリュー・メロンの「労働者、株式、農民、不動産などを清算すべきである。古い体制から腐敗を一掃すれば価格は適正になり、新しい企業家たちが再建に乗り出すだろう」という考え方がありました。しかし、静観した結果、景気はさらに悪化し、ついには失業率が二〇％を超え、GDPは半減するまでになってしまったのです。

こうした状況を横目で見つつ、イギリスでは、新しい経済学が誕生しようとしていました。ジョン・メイナード・ケインズが一九三六年に著した、『雇用、利子および貨幣の一般理論』です。これは、第2章で言及した「本来の」マクロ経済学の始まりです。この立場に基づいて展開された経済学は、それ以降は「ケインズ経済学」と呼ばれるようになります。

ケインズ経済学の中心的な考え方とは、以下のようなものです。

——市場経済における所得や雇用は、時として大きく変動する。それは、人々の総需要、とりわけ投資需要が、将来への期待の変化に伴って大きく変動するからである。その変動は、いつかは市場の中で調整されていくであろうが、それがいつになるのかはわからない。というのは、市場経済には、「賃金の下方硬直性」のような名目的な硬直性が存在するからである。そのために、総需要がいったん減少すると、必然的に所得や雇用の減少が生じるのである。このようにして生じる雇用の減少は、非自発的な失業の増大であり、それは単なる社会的な損失でしかない。したがって政府は、財政政策および金融政策を用いて総需要を管理し、非自発的な失業を減少させるべきである——。

つまり、財政政策および金融政策というマクロ経済政策を用いて、経済全体の「総需要」を管理し、マクロ経済を安定化させようとするのが、ケインズ経済学です。このマクロ経済の安定化とは、具体的には、所得、失業率、インフレ率などを適正な水準に誘導し、それを維持することです。

とりわけ重要なのは、失業率を「自然失業率」に近づけていくことです。この自然失業率とは、「どのように景気が良くても必ず存在するような失業者の比率」といった意味です。産業構造の調整は、景気が良くても悪くても常に生じますから、それに伴う一時的な失業者も常に存在します。自然失業率とは、もっぱらこうしたやむをえない失業者しか存在しない状態での失業率のことです。この自然失業率が達成されている経済とは、非自発的な失業が存在していないという意味での「完全雇用」の経済にほぼ等しいと考えられます。マクロ経済政策の最大の目標とは、この完全雇用＝自然失業率を達成しつつ、インフレ率をできるだけ引き下げていくことです。

ケインズ経済学のこうした考え方は、戦後の資本主義諸国に定着し、経済の安定化に大きな成果をあげました。しかし、ケインズ経済学に基づくマクロ経済政策の行き過ぎが、一九六〇年代後半から先進国において生じたインフレーションやスタグフレーション（不況とインフレの併存）の原因の一つにもなったことから、七〇年代から八〇年代にかけては、シカゴ学派などによる厳しい批判にさらされることになります。とはいえ、それは現在でも、経済学者や政策担当者たちがマクロ経済政策を考えるうえでの基本的な枠組みになっています。

マクロ政策としての財政政策

上述のように、ケインズ経済学においては、マクロ経済の安定化のための政策手段とは、財政政策と金融政策です。その二つしかありません。その目的はともに、総需要を「完全雇用総供給」に一致させることです。完全雇用総供給とは、経済が完全雇用＝自然失業率の状態にある場合に達成される総供給のことです。ちなみに、完全雇用総供給と総需要との差を、「GDPギャップ」ないし「需給ギャップ」といいます。総需要が完全雇用総供給を上回る場合、その差をインフレ・ギャップ、下回る場合は、その差をデフレ・ギャップともいいます。インフレ・ギャップのときにはインフレが生じ、デフレ・ギャップのときにはデフレと失業が拡大するからです。おおまかにいえば、「景気が悪化している」とはデフレ・ギャップが拡大している状態であり、「景気が過熱している」とは逆にインフレ・ギャップが拡大している状態です。

つまり、総需要を完全雇用総供給に一致させるとは、GDPギャップをゼロにするということです。それが、マクロ経済政策の目的です。というのは、GDPギャップをゼロにするということは、失業率を自然失業率に近づけつつ、インフレ率を適正な水準に安定化させるということにほかならないからです。

政府が行う財政政策は、その総需要管理のための最も簡単な手段です。たとえば、政府が道路や橋などの公共投資を行うとします。これは、政府投資としての財政支出です。このように政府が支出を拡大すれば、その分は必ず総需要が拡大します。

しかし実は、総需要の拡大はそれだけにはとどまりません。このように政府がお金を使えば、それは必ず誰かの所得になります。たとえば、公共事業を請け負った建設会社の労働者の給料や、その会社の利潤になります。所得が増えた人々は、そのうちの一部を消費にあてるはずです。もちろん、全部を使うのではなく、一部は貯蓄されるでしょうが、残りは消費に支出されるはずです。そうすれば、その支出された分は、必ず誰かの所得になります。そして、そのうちの支出される分が、さらに誰かの所得になります。こうして、当初の政府支出が、社会全体に波及していき、それが何倍もの所得の増加を生み出します。この考え方を、「乗数理論」といいます。

財政政策には、もう一つあります。それは、減税です。政府は、人々から税金を強制的に徴収しています。それが、政府の収入です。減税とは、それを減らすことです。具体的には、所得税や消費税の税率を引き下げたり、税金を何らかの方法で払い戻したりします。

一般に、家計の所得から税金を差し引いた額を、「可処分所得」といいます。当然ながら、減税すれば可処分所得が増え、増税をすれば減ります。可処分所得が増えたときには、人々はその一部を消費に支出するでしょう。そうすると、やはり先の乗数的な波及のプロセスが働いて、所得は当初の減税額の何倍かに増えます。

以上は、デフレ・ギャップがあるなかで、政府が財政支出を拡大したり、減税をしたりすることによって、そのギャップを減らそうとしているケースです。インフレ・ギャップがある場合は、まったくこの逆で、政府は財政支出を縮小したり、増税をしたりしなければなりません。

財政収支と景気循環

以上から明らかなように、政府は一般に、景気が悪いときには財政支出の拡大や減税を行います。税金は政府の収入ですから、このときには、政府の支出は増え、収入が減ります。したがって、政府の収入と支出の差額である政府財政は悪化します。

また、仮に政府が支出の拡大や減税を行わずとも、景気が悪化しているときには、政府財政は悪化する傾向を持ちます。というのは、景気が悪化しているときには、企業の利潤や人々の所得が減少するので、それに依存している税収も減少することになるからです。さらには、失業保険などの支払いも増えるからです。つまり、政府の収入は減り、支出が増えるのですから、財政は悪化します。

しかし、マクロ経済の安定を重視するケインズ的な考え方によれば、景気が悪化し、デフレ・ギャップが拡大しつつあるような状況では、政府は財政の均衡にこだわるべきではなく、赤字を許容すべきだということになります。むしろ、積極的に赤字を作り出すべきだとさえいえます。というのは、民間支出の不足＝デフレ・ギャップの状況で、政府までもが支出を減らしたりすれば、デフレ・ギャップがさらに拡大し、失業率がさらに上昇してしまうからです。

一般に、政府の財政は、景気が回復すれば、それだけでも自然に改善していきます。というのは、企業の利潤や人々の所得が増えれば、政府の税収も増大し、失業保険などの支払いなども減少していくからです。実際、景気がよかったバブル期には、日本の政府財政も黒字になりました。八〇年代から九〇年代前半までは巨額の財政赤字に悩んでいたアメリカの財政収支も、景気が拡大した九〇年代末には黒字に転換しています。対照的に、日本の財政赤字は九〇年代以降は拡大しつづけてきましたが、これは景気が悪化しつづけてきたことの結果ととらえるべきでしょう。

要するに、政府の財政は、それぞれの年に均衡する必要性は少しもなく、景気の循環の中でおよその均衡が実現できればいいということです。それが、財政収支に関するケインズ的な考え方です。

金融政策と中央銀行

マクロ経済の安定化のためのもう一つの政策は、金融政策です。財政政策の担い手は政府ですが、金融政策の担い手は、中央銀行です。中央銀行も、広い意味では政府の一部ですが、一応は別々に考えておく必要があります。というのは、日本を含めた先進諸国の多くでは、中央銀行には「政府からの独立性」が保証されているからです。

多くの国々においては、金融政策を担う中央銀行の目標は、「物価の安定」におかれています。アメリカの中央銀行であるFRB（連邦準備制度理事会）の場合には、その目標に物価だけでなく雇用の安定も掲げられていますが、これは例外的です。とはいえ、中央銀行は、どの国の場合でも、明示的ではないといえ、物価の安定を通じて雇用の安定をも実現しようとしているといっていいでしょう。というのは、物価を安定させるためには、GDPギャップをゼロにすることが必要であり、それはすなわち完全雇用＝自然失業率を実現させることだからです。

金融政策の考え方は、基本的にはきわめて単純です。景気の悪いとき、すなわちデフレ・ギャップが存在するときには金融緩和を実行し、景気が過熱しているとき、すなわちインフレ・ギャップが存在するときには金融引き締めをするということです。ここで、金融緩和とは金利を引き下げることであり、金融引き締めとは金利を引き上げることです。

金利が下がりますと、人々はお金を借りやすくなります。したがって、企業は設備投資を拡大しようとしますし、家計は住宅ローンを組んで住宅を購入しようとします。要するに、民間投資が拡大します。金利が上がった場合には、その逆です。中央銀行は、このように、金利という手段を通じて民間支出に影響を与え、それによってマクロ経済の安定化を実現しようとするのです。

ところで、一口に金利といっても、貸出金利もあれば預金金利もあります。国債の金利も、短期と長期では異なります。それらの中で、中央銀行が政策金利として用いているのは、「短期市場金利」と呼ばれるものです。これは、日本の場合であれば、金融機関同士が短期の資金の貸し借りを行う「コール市場」で決まる金利のことで、「コールレート」と呼ばれます。アメリカの場合には、「フェデラル・ファンド・レート」です。

中央銀行は、日々の金融調節によって、この短期市場金利を目標とする利率にまで誘導し、それを維持します。金融調節とは、民間の持つ国債などの資産を中央銀行が購入したり、逆に中央銀行が持つ資産を民間に売却したりすることです。前者を「買いオペ」、後者を「売りオペ」といいます。このように、中央銀行が、民間の資産を買ったり、あるいは売ったりすることは、通貨が市中に供給されたり、市中から吸収されたりすることを意味します。通貨が市中に供給されれば、短期市場金利は低下します。これが、金融緩和です。金融引き締めはその逆で、通貨が市中から吸収され、短期市場金利は上昇します。

こうして短期市場金利が変化すると、それは他の市場にも波及していきます。たとえば、短期市場金利が低下すれば、民間銀行の企業に対する貸出金利や、家計に対する住宅ローンの金利なども低下していきます。その結果、企業の設備投資や家計の住宅投資が拡大していくというわけです。短期市場金利が上昇した場合には、その逆です。こうして、中央銀行は、民間支出の誘導によってGDPギャップをゼロに近づけ、それを通じて物価の安定を実現しようとするのです。

以上が、中央銀行が金融政策を行う場合の、通常の考え方の枠組みです。しかし実は、これは九〇年代後半以降の日本にはあてはまりません。というのは、九〇年代前半の金融緩和が不十分だったために、資産デフレとデフレが止まらず、結局はコールレートをゼロにまでしなければならなくなってしまったからです。日銀はさらに、二〇〇一年三月には、金融政策の目標をコールレートから日銀当座預金残高に変更するという、「量的緩和」政策を導入しました。デフレの深刻さの一つの現れといえるでしょう。

構造改革とマクロ政策の政策割り当て

本章ではこれまで、市場経済の中での政府の担うべき役割を明らかにしてきました。とところで、日本では、小泉内閣が誕生した二〇〇一年頃から、「構造改革」という言葉がマスメディアに盛んに登場するようになりました。しかし、二〇〇一年の末頃になると、やはり景気悪化の懸念が強まり、「デフレ対策」の必要性が指摘されるようになってきました。この構造改革やデフレ対策というのは、本章の枠組みからは、どう把握すべきなのでしょうか。

まず、構造改革についてです。それは、基本的には、政府の市場への関与をなるべく少なくし、市場の本来の機能を働かせやすくすることを目的とした政策といってよいでしょう。したがってそれは、市場の機能不全を政府によって補完するというのではなく、政府の無用な市場への介入を減らすという方向の政策と理解することができます。

たしかに、政府の市場への無意味な介入は、さまざまな弊害を生みます。その典型的な例は、政府による規制や参入制限です。たとえば、貿易の制限によって、特定の産業を保護するとします。保護があれば、その産業は守られます。しかし、輸入ができれば、人々はそれをより安く購入できるのです。その意味で、こうした貿易制限は、明らかに市場を通じた効率的な資源配分を歪めているといえます。

また、本来なら民間企業でも実行できる領域に、政府企業が意味もなく居座ることも、大きな弊害を生みます。政府企業は民間企業とは異なり、赤字になっても倒産はしません。

したがって、どうしても効率が悪くなりがちです。実際、現在のＪＲの前身であった国鉄は、膨大な赤字を長年にわたって計上していました。そのことは、小泉内閣の構造改革の対象である道路公団などの特殊法人の場合も、まったく同じです。

もちろん、赤字になるから悪いということでは必ずしもありません。というのは、そもそも政府が公共財や公共サービスを供給する必要があるのは、それを民間企業がやったのでは採算がとれないからです。とはいえ、やはり効率性という面だけみれば、政府企業がどうしても甘くなってしまうのはやむをえません。したがって、公共財や公共サービスの供給といえども、政府が担う必要がない領域は民間に積極的に開放するなど、政府の関与する領域をできるだけ縮小させていくことが望ましいといえます。実際、ＪＲを誕生させた国鉄改革は、その点で大きな成功を収めました。

構造改革の目的とは、こうした無用な規制や政府介入を減らし、日本経済をより効率的にしていこうとするものと考えられます。

間違えてはならないのは、構造改革の目的とは、このような意味での経済の効率化であって、景気の回復にあるのではまったくないという点です。小泉内閣のスローガンであった「構造改革なくして景気回復なし」は、その点できわめて誤解を招きがちなものだったといえます。

九〇年代以降に日本経済が低迷したのは、構造問題によるものではなく、基本的に総需要の不足によるものです。総需要が完全雇用総供給を下回るという、デフレ・ギャップの状況が、ほぼ恒常的に続いていたのです。だからこそ、インフレ率は低下しつづけ、失業率は上昇しつづけたのです。デフレ対策などといっても、そのことを正しく認識しないかぎり、デフレを阻止することは不可能でしょう。

本章で述べてきたように、デフレを阻止し、より以上の失業の拡大を阻止するには、何よりも、デフレ・ギャップの縮小が必要です。そして、それを担うものこそ、政府および中央銀行によるマクロ経済政策なのです。

要するに、構造改革の目的とは経済の効率化であり、マクロ経済政策の目的とはマクロ経済の安定化であるということです。この政府による政策の目的と手段の割り当てを、取り違えてはならないのです。

第6章 グローバル化する経済

貿易を行う理由

第2章で説明したように、われわれの経済の循環には、海外との取引が深く組み込まれています。その一つは、いうまでもなく貿易です。日本の国内ではなかなか生産できないか、できても非常にコストがかかってしまう財を輸入しています。最も代表的なのは、石油です。現在でも、新潟では石油が少しは出るようですが、膨大なコストがかかるので、ほとんど採られてはいません。結局、そのようなものは輸入したほうがいいということです。

日本はまた、さまざまな財を輸出しています。しかし、過去から現在を振り返ってみると、輸出品の種類は大きく変わっています。日本はかつて、繊維製品の一大輸出国でした。今でも、日本の技術を用いれば、繊維製品などは簡単に生産することができると思います。しかし、それは今は生産されてはいません。そして、もっぱら輸入されています。ユニクロへ行くと、衣料品の大部分は中国からの輸入品です。

つまり、貿易というのは、必ずしも自国で生産できないから輸入しているというだけではないということです。自分の国で生産できるものでも輸入しています。たとえば、日本はアメリカに、自動車を輸出しています。アメリカはもちろん、自国で自動車を生産できます。自動車産業は、かつてはアメリカを象徴する産業でした。にもかかわらず、この数十年、アメリカは日本から、自動車を輸入しつづけてきました。こう考えると、貿易の背後には、単に自国で生産できないからという理由とは異なる、より深い要因があるということがわかります。

グローバル化の光と影

ところで、貿易はしばしば、われわれの生活に大きな影響を及ぼします。戦後で最も影響の大きかった事件の一つは、オイル・ショックです。日本経済は、一九六〇年代の高度成長の中で、経済構造の重化学工業化を急速に進めていきました。その結果、日本の石油輸入量は、急激に拡大しました。そこに、中東のアラブ諸国を中心とする産油国、いわゆるＯＰＥＣ（石油輸出国機構）諸国が、石油の供給を削減することで、石油価格の引き上げを企てたのです。それが、一九七三年のオイル・ショック（第一次）です。これによって、石油の価格は一気に四倍になりました。まさに、ショックだったわけです。

当時の日本の人々は、これに対してたいへんな危機感を感じ、省エネに邁進《まいしん》しました。深夜放送を禁止したり、銀座の夜のネオンを止めたりして対応したのです。その結果、省エネが進み、石油の消費量は減少し、輸入量も減りました。つまり、石油の価格上昇に対応して、経済がうまく調整されたのです。

貿易はしばしば、社会的な摩擦を生みます。二〇〇一年四月に、日本政府は、ネギ、椎茸、畳表の三品目に対して、暫定期限を二百日とするセーフガード（緊急輸入制限）を発動しました。セーフガードとは、関税や輸入数量制限を設けることで、輸入品の国内流入を一時的に制限し、国内の生産者を保護するための措置です。このときの日本のセーフガード発動の背後には、中国からの輸入によって打撃を受けた日本の農家からの圧力がありました。中国は、この日本のセーフガードに対抗し、日本製自動車、携帯端末、エアコンに一〇〇%の報復関税を課すという措置をとりました。

幸い、この「日中貿易摩擦」は、その年の十二月には解決しました。しかし、一国の貿易制限措置が、一歩間違えば、お互いに報復措置を取り合うという「貿易戦争」に発展しかねないことを示す出来事だったといえます。

日本の戦後の経済発展は、「貿易摩擦」との闘いの歴史でもありました。しかしそれは、右のネギや椎茸へのセーフガードとは異なり、もっぱら「日本から海外への輸出」が原因となっていました。

とりわけ、日本が長きにわたって悩まされつづけてきたのは、アメリカとの間の「日米貿易摩擦」です。日米貿易摩擦の歴史は、一九五〇年代の「ワンダラー・ブラウス事件」

にまでさかのぼります。これは、日本の安いブラウスの輸出がアメリカの繊維業界に打撃を与え、それが政治問題化したという事件です。

この種の貿易摩擦は、その後も次々と生じていきます。最も厳しかったのは、日本の自動車の対米輸出が原因となった、一九七〇年代〜八〇年代の日米自動車摩擦です。日本から自動車がどんどん輸出されて、当時のアメリカの三大自動車メーカーであったビッグスリー（ゼネラルモーターズ、フォード、クライスラー）は苦境に陥りました。とくに、クライスラー社は倒産の一歩手前にまでいきました。当然、ビッグスリーは、労働者のレイオフ（一時的な解雇）を大規模に行っていきます。その結果、アメリカの労働者の間では、反日感情が急激に高まり、当時のアメリカの自動車生産の中心地であったデトロイトでは、失業者が日本の自動車をハンマーで叩き壊したり、日本人と間違えられた中国人が殺されたりする事件が頻発しました。

このように、貿易はしばしば、社会に摩擦と軋轢《あつれき》を生じさせます。にもかかわらず、世界貿易は、拡大しつづけてきました。そのうねりは、一九八〇年代から九〇年代になると、アジア、ラテン・アメリカなどの発展途上国だけではなく、それまでは世界貿易から半ば切り離されてきた旧社会主義諸国にまで及んでいきます。これが、いわゆる「経済のグローバル化」です。

資金の国際的な移動

経済のグローバル化のもう一つの側面は、国際的な資本移動です。この場合の「資本移動」とは、資金すなわちお金が各国の国境を越えて移動していることを意味します。問題は、これが何を意味しているかです。

日本はよく、「世界最大の債権国」といわれます。債権国とは、対外投資すなわち外国にお金を貸している国であるということです。これは、毎年毎年、累積していきます。これが、対外債権です。外国の立場からいえば、日本から借金をしているということであり、対外債務を負っているということです。日本からは、世界のさまざまな国がお金を借りています。借りている国には、アメリカなどの先進国も、アジアなどの発展途上国も含まれています。

ひところ、アルゼンチン政府が発行した国債である「アルゼンチン債」がデフォルト（債務の不履行）を起こしたことが、日本国内でも話題になりました。これが国内問題になったのは、そののちに、日本国内で、円建てで一九〇〇億円以上、五万人を超える個人や法人がこれを購入していたらしいことが明らかになったからです。地方自治体の外郭団体である公益法人や、文化事業団までもが、このようなものに手を出していたのです。これもまた、間違いなく日本の対外投資なのです。

ところで、対外投資といっても、一般の人々は、その具体的なイメージをほとんど持っていないと思います。アルゼンチン債のようなものを個人で買っていた人は、それほど多くはないでしょう。それでは、対外投資は誰によってなされているのかといえば、それは金融機関です。より特定化すれば、「機関投資家」と呼ばれる機関です。機関投資家とは、資産の運用を仕事の一つとしている投資家のことで、銀行その他の金融機関、保険会社、投資信託、年金基金などがそれに該当します。これらの金融機関は、人々からお金を集めています。この集めたお金を運用するのが、機関投資家です。

機関投資家は、この資金をどう運用するのでしょうか。銀行などの場合には、もちろん国内の企業に融資をします。しかし、日本の銀行の場合には、企業の株式も購入しています。あるいは、社債も購入しています。これも、一つの運用です。保険会社や投資信託の場合には、銀行のように企業への融資はしませんが、やはり、企業の株式や社債を購入するというかたちで、資産運用をしています。このように、金融機関によって集められた人々の資金の一部は、国内企業に流れていきます。

資金の流れのもう一つの行く先は、「政府」です。日本では、長い間、景気の悪い状況が続いていています。そのため、国内の企業は、あまりお金を借りていません。むしろ、借金の返済に奔走しています。また、景気が悪いため、株価も下落しつづけています。そのため、機関投資家は国内企業に融資もできず、株を買うわけにもいかないという状況になっています。その代わりに何を買っているのかといえば、それは日本の国債です。

日本政府は、この十年以上、財政支出や減税によって景気の悪化を食い止めようとしてきました。その結果として、毎年毎年、膨大な財政赤字を生み出しました。その多くは、当然ながら、国債の発行によって賄われることになります。その国債を、日本の機関投資家が一生懸命に買っているのです。これは、金融機関によって集められた人々の資金の一部が、機関投資家による国債の購入というかたちで、政府の借金のファイナンスに使われていることを意味しています。

そして、この資金の最後の流れが、対外投資です。機関投資家の唯一最大の目標は、資産運用で収益をあげることです。要するに、インカム・ゲインやキャピタル・ゲインを得ることです。したがって、それを得られる見込みさえあれば、運用する資産の元が国内でも海外でも、いっこうに差し支えありません。外国企業の株式や社債、外国政府の国債などを買うのに、何の障害もないということです。

実際、日本の機関投資家は、資本移動の規制が緩和された一九八〇年代以来、アメリカなどの国債を盛んに購入してきました。八〇年代には、日本の生命保険会社がアメリカ政府が新規に発行した国債の四割を購入していたという時期もあるくらいです。
こうした資金の流れは、すべて対外投資です。それを、銀行、生保、投資信託などの機関投資が行っているということです。

貿易の本質――「比較優位」という考え方

以上のように、現在の世界では、一方では貿易が拡大し、他方では資本の移動が拡大しています。それが、経済のグローバル化です。これに対しては、もちろん賛否両論があります。経済のグローバル化が望ましくないと考えている人々は、知識人を含めて数多くいます。実際、ＷＴＯ（世界貿易機関）やＩＭＦ（国際通貨基金）の会合などが行われるたびに、「反グローバリズム」を掲げる人々がデモをします。

しかし、貿易が各国の経済発展に貢献してきたことは、やはり否定することはできません。もし貿易が一国を貧しくするものであれば、貿易を禁止すればするほど、その国は豊かになるはずです。しかし、そのような実例は、まったくといっていいほど存在していません。カンボジアという国は、共産主義が支配していた時代に鎖国をしたことがありますが、経済状況はきわめて悪化しました。その逆に、一九七〇年代頃から貿易自由化を開始したアジアの諸国は、その後は顕著な経済発展を実現させました。日本の高度成長も、まさしく一九六〇年代の貿易自由化とともに始まったのです。

このように、現実を虚心坦懐にみると、貿易はやはり、一国を貧しくするのではなく、豊かにするものであることがわかります。それには、経済学的な根拠があります。その根拠とは、十九世紀初頭に活躍したイギリスの経済学者デビッド・リカードが、その主著『経済学および課税の原理』(一八一七)の中で明らかにした、「比較生産費説」です。この比較生産費説は、現在でも、貿易を考察する場合の最も基本的な理論として、多くの教科書の中で説明されています。

ところで、貿易に関して最も注意すべきは、輸出や輸入の問題を、一国経済の「強さ」や「弱さ」の問題と捉えてしまう誤りです。たとえば、「アフリカのような経済力の弱い、貧しい国は、もし貿易をすべて自由にしたら、何も輸出できず、輸入する一方になってしまう」と考えている人は多いのではないでしょうか。しかし、このような考え方は正しくありません。貿易において重要なのは、「競争力」ではなく、「比較優位」なのです。

どんなに生産性が低い国でも、必ず比較優位はあります。逆に、あらゆる産業の生産性が高いような国でも、比較優位があるのであれば、必ず比較劣位があります。たとえば、鉄鋼業、半導体、農業といったさまざまな産業で、日本とアフリカのある国の生産性を比較したときに、場合によってはこのすべてにおいて日本のほうが高いかもしれません。この場合、そのアフリカの国は、日本にすべての産業が淘汰されてしまうのかといえば、そうではありません。というのは、その国の生産性が仮にすべての産業において劣っていても、産業ごとに比較していくと、その弱さの度合いには差があるはずだからです。

たとえば、半導体と農業という、二つの産業を比較してみます。農業においては、生産性の格差は、せいぜい二倍程度しかないとします。アフリカの国の農業のほうが、日本の農業よりも、生産性が半分ほど低いというわけです。それに対して、半導体では、両国の生産性に四倍の格差があるとします。この場合、アフリカの国は、両方とも日本に生産性が劣っているけれども、その劣る程度は、半導体よりは農業のほうが低いことになります。日本のほうでは、生産性では両方ともに優《まさ》っているけれども、その優る程度が、農業よりも半導体のほうがより高いことになります。このようなときには、日本は優る程度がより強い半導体に特化し、アフリカの国は劣る程度がより少ない農業に特化し、それぞれを輸出しあえば、お互いにとって利益になります。それが、貿易の利益です。

ちなみに、ここでいう「特化」とは、「特定の産業に集中する」という意味です。ここでは、日本では半導体が比較優位で、農業が比較劣位であるのに対し、アフリカの国では逆に、農業が比較優位で、半導体が比較劣位になっています。特化とは、比較劣位産業を放棄して、比較優位産業に集中することです。したがって、お互いに特化をするということとは、分業をするということにほかなりません。貿易の本質とは、こうした意味での国際的な分業であり、貿易利益とは、その分業によって生み出される利益と考えることができます。

「貿易の宿命」としての貿易摩擦

このように、貿易は基本的に、それを行う国に利益をもたらします。それは、世界経済の現実を見ても、十分な妥当性があることがわかります。とはいえ、本章の冒頭でも述べたように、貿易が拡大する過程とは、常に摩擦が生じる過程でもあります。それはどうしてなのでしょうか。

先の例でも明らかなように、比較優位とは、常に比較劣位と裏腹の関係にあります。一国にとって、あらゆる産業の生産性が高いということは考えられますが、「あらゆる産業が比較優位になる」ということは考えられません。したがって、どの国においても、貿易を自由に行っていけば、必ず衰退する産業が出てくるということになるのです。

たとえば、戦後の日本の経済発展を振り返ってみましょう。一九五〇年代から六〇年代の初頭くらいまでは、日本の中心的産業、すなわち基軸的な輸出産業は、繊維産業でした。しかし、繊維産業はその後、東アジア諸国からの繊維製品の輸入拡大に伴って、衰退産業になっていきます。ところが、日本では、一九六〇年代から、産業の重化学工業化が進んでいきます。その中で、造船業、鉄鋼業などが、日本の代表的な輸出産業として成長していきます。つまり、軽工業から重工業への、比較優位のシフトが生じたのです。しかし、この「重厚長大産業」も、一九八〇年代頃からは、韓国などの台頭によって、次第に衰退化していきます。そして、日本の代表的輸出産業＝比較優位産業は、自動車産業や電気・電子産業へと移っていきます。

このように、貿易を自由に行っていくかぎり、新たな産業が比較優位産業として成長する裏側で、これまでの比較優位産業が比較劣位に転じるというプロセスが生じます。つまり、産業構造調整が生じます。しかし、その調整は、それほど簡単でもスムーズでもありません。それどころか、さまざまな社会的軋轢を伴う、きわめて困難な過程であるのが常です。

比較劣位化した産業では、輸入の拡大によって、次第に販売が困難となり、収益が落ち込んでいきます。したがって、生産の縮小が必要になります。その調整が済んでしまえば問題はないのですが、収益が落ち込む間は、雇用を減少させつづけていかなければなりません。それは、構造調整が済むまでの一時的な現象にせよ、失業の増加となって現れます。それはしばしば、かつてのアメリカの「ジャパン・バッシング」のような、貿易相手国に対する反感をも生み出します。
あるいは、世界中の根強い「反グローバリズム」の感情の根底にあるものも、自分たちの経済が貿易というとらえどころのないものによって変えられていくことに対する嫌悪感なのかもしれません。ついこの間までそこにあった自分たちの店、自分たちの工場、自分たちの産業がなくなってしまうことは、たしかにその当事者たちにとっては耐え難いことでしょう。しかし、貿易を行うかぎり、それを受け入れないわけにはいきません。そして、貿易を閉ざした経済とは、発展のない経済にほぼ等しいということも、やはり事実なのです。その意味では、貿易摩擦とは、貿易から得られる恩恵のやむをえざる副産物ともいえるでしょう。

貿易収支と資本収支

ところで、日本は、一九八〇年代以降、世界有数の貿易収支黒字国となったことが知られています。「貿易収支」とは、財貨・サービスの輸出と輸入の差額で、「財貨・サービスの純輸出」とも呼ばれます。第2章の図表2-4（46ページ）からわかるように、この貿易黒字=財貨・サービスの純輸出は、国内総生産と内需との差に等しくなっています。しかし実は、この貿易黒字の額は、日本の純対外投資の額にも等しくなっているのです。純対外投資とは、資本輸出と資本輸入の差額で、国際収支のうえでは「資本収支」と呼ばれます。

貿易収支と資本収支＝純対外投資が等しくなるのはなぜかを考えるために、「日本」を個人に置き換えてみます。たとえば、ある人がある月に二〇万円の所得を得たとします。そして、その月のうちに、一六万円を支出したとします。そして、残りの四万円を、今後のために残しておいたとします。この人がこの四万円を現金で置いておこうが、銀行に預金しようが、それは広い意味での貯蓄です。そして、このことは、社会には必ず、お金を借りるか、あるいは自分の貯蓄を取り崩すかをして、自分の所得以上の支出をしている人がいることを意味します。というのは、誰かの所得とは誰かの支出の結果なので、社会全体の所得と支出の額は常に等しいからです。したがって、四万円の貯蓄をした人がいれば、必ず四万円の借金をした人がいるということです。

実はこの話は、日本と「日本以外の海外」との間にも成り立ちます。日本の内需が国内総生産より小さいということは、必ずその分だけの対外投資を行ったことを意味します。日本の国内総生産とは日本の所得ですから、この所得と、国内への支出の総計である内需との差は、対外世界への貸出すなわち対外投資を意味します。そして、その対外投資の額は、常に貿易黒字＝財貨・サービスの純輸出の額と等しくなります。というのは、図表

2－4に示されているように、貿易黒字＝財貨・サービスの純輸出とは、まさに国内総生産と内需との差額だからです。したがって、日本の貿易黒字の額は、日本の資本収支＝純対外投資の額に常に等しくなるのです。

つまり、日本の貿易黒字が大きいのは、日本の対外投資が大きいからなのです。貿易黒字の大きさは、「国際競争力」の現れでも、貿易の閉鎖性の現れでもないということです。

資本移動の原理とは

それでは、日本の対外投資はなぜ大きいのでしょうか。それは、日本の機関投資家が、盛んに対外投資を行っているからなのです。具体的には、外国企業の株式や社債、外国政府の国債などを大規模に購入しているからです。なぜそうするのかといえば、それは、機関投資家が、国内資産への投資よりもそちらのほうが、より多くの収益が期待できると考えているからです。

たとえば、日本の国債とアメリカの国債を比較してみます。この数年では、日本の十年物国債の金利は、一％からせいぜい一・五％程度にすぎません。それに対して、アメリカの十年物国債の金利は、低い時期でも四％程度は維持しています。したがって、ほぼ三％くらいの金利の格差があります。ただし、アメリカの国債は米ドル建てですから、それを買うことは、為替リスクを負うことを意味します。もし将来ドル安になった場合には、この三％の金利格差などは簡単に消し飛んでしまうからです。逆にいえば、それほどドル安になる見込みがないか、あるいはドル高になりそうな場合には、日本国債よりも米国債に投資するほうが有利になります。少なくとも、米国債を購入している機関投資家は、仮にドル安になるとしても、この三％の金利格差を帳消しにするほどにはならないと考えて、そうしているのです。

同じことは、機関投資家が外国企業の株式や社債を購入する場合にも、民間企業が発展途上国に直接投資を行う場合についてもいえます。ちなみに、直接投資とは、企業が海外に子会社を設立したり、経営に関与する目的で海外企業を買収したりすることです。それも、対外投資の一種です。それらはすべて、国内に投資するよりも海外に投資したほうが収益が見込めるから行われているのです。

それでは、日本国内の収益は、なぜそのように低いのでしょうか。それに関しては、二つの要因が考えられます。第一は、日本の国内投資機会が乏しいということです。第二は、日本の貯蓄率が高いということです。

一般に、投資機会が豊富にある国や、貯蓄が不足している国は、資本輸入国＝貿易収支赤字国になりがちです。投資機会が豊富にあるということは、投資をすれば大きな収益を得られ、したがって企業の資金需要が大きいということを意味します。それに対して、貯蓄とは、資金の供給です。第3章の図表3－2（96ページ）を、資金の需要と供給によって金利が決まる図と考えれば、資金需要が大きい国、資金供給が小さい国は、金利が高くなることがわかります。そのような場合、その国には、海外から資本が流入してくることになるでしょう。

多くの場合、発展の初期段階の途上国などには、海外から大量に資金が流入してきます。そして、当然ながら、その国はその段階では貿易収支赤字国となります。このことは、その国が投資機会を豊富に持っているにもかかわらず、十分な国内貯蓄がないことを意味しています。

他方では、一九八〇年代以降のアメリカのように、十分に成熟した経済であるにもかかわらず、資本輸入国＝貿易収支赤字国になっている例もあります。アメリカの場合には、その原因の大部分は、明らかに貯蓄不足です。しかし、九〇年代に関しては、国内経済の活性化によって企業の投資が拡大したということも、資本流入＝貿易収支赤字拡大の重要な要因であったと考えられます。

結局、日本の場合には、このアメリカとはまったく逆の原因によって、資本輸出国＝貿易収支黒字国になっているのです。すなわち、一方では貯蓄の過剰があり、他方では国内投資の不足があるということです。

摩擦と対立を超えて

日本はかつて、日米貿易摩擦の中で、アメリカから「貿易黒字減らし」を要求されたことがあります。しかし、本章で説明した貿易収支に関する原理を踏まえて考えてみると、この要求がいかにおかしなものかがよくわかると思います。

日本が貿易黒字になり、アメリカが貿易赤字になるのは、日本の貯蓄が過剰であり、アメリカの貯蓄が不足しているからにほかなりません。日本は、貯蓄過剰の結果として、金利が低くなりがちです。それに対して、アメリカは、貯蓄不足のために金利が高くなりがちです。その場合、日本からアメリカに資金が流れていくのは、当然のことです。そして、資金が日本からアメリカに流れていけば、日本は必ず貿易黒字になり、アメリカは赤字になります。それは、お金の貸し手である日本と同様に、借り手であるアメリカにとっても、利益になっているのです。にもかかわらず、当時のアメリカの政治家や政策担当者は、「貿易赤字」という字面だけを見て、それをアメリカにとっての「損失」と考えてしまった。そして、「貿易黒字減らし」のような無意味な要求を日本に行ったのです。

これまで述べてきたように、経済のグローバル化には、摩擦がつきものです。その中には、比較優位・劣位のシフトに伴う構造調整問題のように、実際に社会の一部の人々に苦難を強いるために生じている摩擦もあります。しかし、このときの日米摩擦のように、経済の把握の仕方を知らないために生じている摩擦も多いのです。

これは、経済の正しい見方を身につけることが、無意味な社会的軋轢を生まないためにも必要だということを示しているのではないでしょうか。そして、おそらくこれは、単に国と国との間の摩擦についてだけではなく、国内でのさまざまな利害の対立に関してもいえることであるように思います。

講談社現代新書　1641

ゼロからわかる経済《けいざい》の基本《きほん》

二〇〇二年一二月二〇日第一刷発行　二〇一一年四月一九日第一〇刷発行

著者——野《の》口《ぐち》　旭《あさひ》

発行者——鈴木章一　発行所——株式会社講談社

東京都文京区音羽二丁目一二—二一　郵便番号一一二—八〇〇一

電話　編集（現代新書）〇三—五三九五—三五二一　販売　〇三—五三九五—四四一五　業務　〇三—五三九五—三六一五

カバー・表紙デザイン——中島英樹

印刷所——豊国印刷株式会社　本文データ制作——講談社デジタル製作　製本所——株式会社国宝社

（定価はカバーに表示してあります）Printed in Japan

N.D.C.330　210p　18cm

ISBN4-06-149641-7

「講談社現代新書」の刊行にあたって

教養は万人が身をもって養い創造すべきものであって、一部の専門家の占有物として、ただ一方的に人々の手もとに配布され伝達されうるものではありません。

しかし、不幸にしてわが国の現状では、教養の重要な養いとなるべき書物は、ほとんど講壇からの天下りや単なる解説に終始し、知識技術を真剣に希求する青少年・学生・一般民衆の根本的な疑問や興味は、けっして十分に答えられ、解きほぐされ、手引きされることがありません。万人の内奥から発した真正の教養への芽ばえが、こうして放置され、むなしく滅びさる運命にゆだねられているのです。

このことは、中・高校だけで教育をおわる人々の成長をはばんでいるだけでなく、大学に進んだり、インテリと目されたりする人々の精神力の健康さえもむしばみ、わが国の文化の実質をまことに脆弱なものにしています。単なる博識以上の根強い思索力・判断力、および確かな技術にささえられた教養を必要とする日本の将来にとって、これは真剣に憂慮されなければならない事態であるといわなければなりません。

わたしたちの「講談社現代新書」は、この事態の克服を意図して計画されたものです。これによってわたしたちは、講壇からの天下りでもなく、単なる解説書でもない、もっぱら万人の魂に生ずる初発的かつ根本的な問題をとらえ、掘り起こし、手引きし、しかも最新の知識への展望を万人に確立させる書物を、新しく世の中に送り出したいと念願しています。

わたしたちは、創業以来民衆を対象とする啓蒙の仕事に専心してきた講談社にとって、これこそもっともふさわしい課題であり、伝統ある出版社としての義務でもあると考えているのです。

一九六四年四月　野間省一

経済・ビジネス

1552 最強の経営学――島田隆
1596 失敗を生かす仕事術 畑村洋太郎
1624 企業を高めるブランド戦略――田中洋
1628 ヨーロッパ型資本主義 福島清彦
1641 ゼロからわかる経済の基本――野口旭
1642 会社を変える戦略――山本真司
1647 最強のファイナンス理論――真壁昭夫
1656 コーチングの技術――菅原裕子
1695 世界を制した中小企業 黒崎誠
1764 年金をとりもどす法 社会保険庁有志
1780 はじめての金融工学 真壁昭夫
1782 道路の経済学――松下文洋
1834 スラスラ書ける! ビジネス文書――清水義範
1836 北朝鮮に潜入せよ――青木理
1877 会社コンプライアンス――伊藤真
1902 海外経営の鉄則――山崎克雄
1906 労働CSR入門――吾郷眞一
1913 あなたの会社の評判を守る法――久新大四郎
1926 不機嫌な職場――高橋克徳 河合太介 永田稔 渡部幹
1992 経済成長という病――平川克美
2010 日本銀行は信用できるか 岩田規久男
2016 職場は感情で変わる 高橋克徳
2036 決算書はここだけ読め!――前川修満
2047 中国経済の正体――門倉貴史
2056 フリーライダー――河合太介 渡部幹
2061 「いい会社」とは何か――小野泉 古野庸一
2064 決算書はここだけ読め! キャッシュ・フロー計算書編――前川修満
2066 「最強のサービス」の教科書――内藤耕
2075 「科学技術大国」中国の真実――伊佐進一
2078 電子マネー革命――伊藤亜紀
2087 財界の正体――川北隆雄
2091 デフレと超円高――岩田規久男

世界史Ⅰ

834 ユダヤ人――上田和夫
934 大英帝国――長島伸一
959 東インド会社――浅田實
968 ローマはなぜ滅んだか 弓削達
1017 ハプスブルク家――江村洋
1019 動物裁判――池上俊一
1076 デパートを発明した夫婦 鹿島茂
1080 ユダヤ人とドイツ――大澤武男
1088 ヨーロッパ「近代」の終焉――山本雅男
1097 オスマン帝国――鈴木董
1125 魔女と聖女――池上俊一
1151 ハプスブルク家の女たち 江村洋
1249 ヒトラーとユダヤ人 大澤武男
1252 ロスチャイルド家 横山三四郎
1282 戦うハプスブルク家 菊池良生
1306 モンゴル帝国の興亡〈上〉――杉山正明
1307 モンゴル帝国の興亡〈下〉――杉山正明
1314 ブルゴーニュ家――堀越孝一
1321 聖書vs.世界史――岡崎勝世
1366 新書アフリカ史――宮本正興 松田素二 編
1389 ローマ五賢帝――南川高志
1442 メディチ家――森田義之
1486 エリザベスⅠ世――青木道彦
1557 イタリア・ルネサンス――澤井繁男
1572 ユダヤ人とローマ帝国 大澤武男
1587 傭兵の二千年史――菊池良生
1588 現代アラブの社会思想 池内恵
1664 新書ヨーロッパ史 中世篇 堀越孝一 編
1673 神聖ローマ帝国――菊池良生
1687 世界史とヨーロッパ 岡崎勝世
1705 魔女とカルトのドイツ史――浜本隆志
1712 宗教改革の真実――永田諒一
1715 ハプスブルク家の宮殿 小宮正安
1832 「イスラムvs.西欧」の近代 加藤博
1932 都市計画の世界史――日端康雄
2005 カペー朝――佐藤賢一
2070 イギリス近代史講義――川北稔
2096 モーツァルトを「造った」男――小宮正安

世界史Ⅱ

日本語・日本文化